Le Roman de Renart
Le reflet critique de la société féodale

© L'Harmattan, 2010
5-7, rue de l'Ecole polytechnique, 75005 Paris

http://www.librairieharmattan.com
diffusion.harmattan@wanadoo.fr
harmattan1@wanadoo.fr

ISBN : 978-2-296-13159-0
EAN : 9782296131590

Jérôme Devard

Le Roman de Renart

Le reflet critique de la société féodale

Avant-propos
Claude Gauvard

Préface
Stéphane Boissellier

L'Harmattan

Historiques
dirigée par Bruno Péquignot et Denis Rolland

La collection "Historiques" a pour vocation de présenter les recherches les plus récentes en sciences historiques. La collection est ouverte à la diversité des thèmes d'étude et des périodes historiques.
Elle comprend deux séries : la première s'intitulant "Travaux" est ouverte aux études respectant une démarche scientifique (l'accent est particulièrement mis sur la recherche universitaire) tandis que la seconde, intitulée "Sources", a pour objectif d'éditer des témoignages de contemporains relatifs à des événements d'ampleur historique ou de publier tout texte dont la diffusion enrichira le corpus documentaire de l'historien.

Série Travaux

Michel GAUTIER, *Un canton agricole de la Sarthe face au « monde plein ». 1670-1870*, 2010.
Tchavdar MARINOV, *La Question Macédonienne de 1944 à nos jours. Communisme et nationalisme dans les Balkans,* 2010.
Jean-René PRESNEAU, *L'éducation des sourds et muets, des aveugles et des contrefaits, 1750-1789*, 2010.
Simone GOUGEAUD-ARNAUDEAU, Le comte de Caylus (1692-1765), pour l'amour des arts, 2010.
Daniel PERRON, *Histoire du repos dominical. Un jour pour faire société*, 2010.
Nadège COMPARD, *Immigrés et romans noirs (1950-2000)*, 2010.
Arnauld CAPPEAU, *Conflits et relations de voisinage dans les campagnes du Rhône au XIXe siècle*, 2010.
John WARD, *Placement et adoption des orphelins au Royaume-Uni (1870-1926). L'orphelin et ses anges gardiens,* 2010.

A Patou

« J'écris jour que le jour où je ne serai plus
On sache combien l'air et le plaisir m'ont plu,
Et que mon livre porte à la foule future
Combien j'aimais la vie et l'heureuse nature.
Attentive aux travaux des champs et des maisons
J'ai marqué chaque jour la forme des saisons,
Parce que l'eau, a terre et la montante flamme
En nul endroit ne sont si belles qu'en mon âme.
J'ai dit ce que j'ai vu et ce que j'ai senti,
D'un cœur pour qui le vrai ne fut point trop hardi
Et j'ai eu cette ardeur, par l'amour intimée,
Pour être après la mort parfois encore aimée.
Et qu'un jeune homme alors lisant ce que j'écris,
Sentant par moi son cœur ému, troublé, surpris,
Ayant tout oublié des compagnes réelles,
M'accueille dans son âme et me préfère à elles... »

ANNA DE NOAILLES, *J'écris…*, *Le Cœur innombrable*,
Calmann-Lévy, 1929.

Remerciements

Je tiens tout d'abord à exprimer ma gratitude au préfacier de ce livre, le Professeur Stéphane Boissellier. Notre collaboration est, certes, récente, mais sans ses précieux conseils et sa constante bienveillance, l'édition de cette recherche n'aurait pu voir le jour.

Je profite de l'édition de cette étude, pour remercier le Professeur Claudio Galderisi qui m'a accueilli dans son équipe et veille sur mes travaux d'un œil juste et indulgent.

Je souhaite aussi remercier le Professeur Claude Gauvard, « mon bon maître spirituel » comme j'aime l'appeler, qui m'a fait l'immense honneur et l'insigne privilège de gratifier cet ouvrage d'un magnifique avant-propos.

Mes pensées vont également à la mémoire des Professeurs Bernadette Barrière et Jacques Phytilis qui furent les premiers, voire peut-être les seuls, à reconnaître que les « habits » d'historien du droit m'étaient bien trop étroits et que j'avais vocation à embrasser d'autres horizons teintés d'Histoire et de Littérature médiévales.

Avant-propos

La littérature ne reproduit pas la société, mais l'œuvre littéraire, surtout quand elle cherche à créer une connivence critique avec son lecteur ou son auditeur, se doit d'être vraisemblable. C'est le cas du *Roman de Renart*, qui se veut une parodie de la littérature épique et courtoise du XIIe siècle, et partant, de la société de son temps. Il s'agit donc, pour l'historien, de cerner cette part de vraisemblable en éclairant les raisons d'être de l'intrigue et des différents personnages. C'est ce que tente de faire avec succès Jérôme Devard qui a choisi, en juriste et en historien, de traiter de la famille puis des relations extra familiales, essentiellement féodales, dans le monde que fréquente le Goupil.

La critique sociale du *Roman de Renart* est féroce, que ce soit contre les puissants qui peuplent la cour du roi Noble, du roi lui-même, ou des clercs. L'animalité des personnages la facilite, comme ce sera le cas du *Roman de Fauvel* un peu plus tard. Les animaux humanisés suscitent le rire en même temps qu'ils se prêtent au travestissement et au jeu des devinettes, atténuant de ce fait le mordant de la plume. Le lion est-il Philippe Auguste saisi dans une inversion animalière qui permet d'attaquer sa majesté ? Le Léopard qui le visite est-il le prince et grand feudataire Henri II Plantagenêt ? Est-ce à ses maladresses de loup qu'Ysengrin doit de porter le titre de connétable en étant seulement garde des écuries royales ? Que penser enfin du Goupil qui se meut à l'aise dans les dédales de la cour où s'épanchent à la fois sa gloutonnerie, son amour du sexe et son ambition au point qu'il prétend ceindre la couronne ? Il en connaît tous les rouages, comme un animal sachant flairer et marquer son territoire, mais aussi comme un conseiller soucieux de son ascension sociale ! En tous domaines, il dévore. De la sorte, le *Roman de Renart* rejoint la littérature critique des mœurs curiales qui se développe au XIIe siècle, telles les très savantes démonstrations de Jean de Salisbury dans son *Polycraticus*, qui inaugure un portrait stéréotypé de l'enfer de la cour dont le récit se poursuit jusqu'à la fin du Moyen Âge.

L'intérêt du *Roman de Renart* ne s'arrête cependant pas là. L'œuvre est pour l'essentiel arrimée à la fin du XIIe siècle, à un moment doublement important pour l'évolution des normes qui régissent la société, qu'elles soient judiciaires ou religieuses. Du point de vue juridique, de profonds changements sont en train de prendre corps. Le droit romain commence à envahir la justice, même si l'enquête reste balbutiante. La procédure romano-canonique est loin de s'être imposée et les tribunaux ecclésiastiques sont seulement en cours de création. Pourtant, le *Roman de Renart*, qui noue son intrigue sur des procès successifs, montre combien les hommes et les femmes de cette époque attachent d'importance à la justice et se révèlent procéduriers, avant même l'implantation de la procédure inquisitoire. En l'absence de sources écrites qui relatent le déroulement des procès à cette époque, ceux qui sont faits à Renart sont essentiels pour comprendre les rouages de la justice. Les viols successifs dont le Goupil se rend coupable entraînent une menace d'ordalie pour la femme adultère, d'escondit ou de serment purgatoire pour le coupable, selon une pratique qui se maintient dans la coutume rémoise jusqu'aux temps modernes, et la perspective d'un duel judiciaire entre le mari déshonoré et l'auteur du viol. Remarquons, avec Jérôme Devard, que cette justice reste soucieuse de paix avant d'être éprise de vérité. Le temps est laissé aux palabres en vue d'obtenir un accord entre les parties, car « miex voel la pais que la gerre ». Et celui qui perd le duel, comme Renard face à Ysengrin, peut encore être sauvé en étant réclamé comme moine… avant d'être proposé par le roi lui-même comme évêque ! Est-ce satire de la justice ? Il est possible que perce ici une critique des effets pervers de la procédure accusatoire, d'une procédure qui est justement soumise à des coups de boutoir, par l'interdiction des ordalies ou celle du duel judiciaire. Il faut un homicide qui a enfreint la paix du roi, le meurtre de Coppée, la poule, et la plainte de sa sœur, Pinte, pour que le procès prenne de l'épaisseur et donne lieu à une sentence royale. Non sans que le roi Noble ait montré sa faiblesse : il n'a guère les moyens de faire comparaître le défendeur qui esquive deux fois la semonce. Le procès ne se noue qu'avec la comparution de Renart, grâce à un exploit écrit et scellé, et les barons enfin rassemblés comme pairs du coupable, le condamnent finalement à mort. Mais il reste encore une ressource suprême pour esquiver la peine de mort : requérir la grâce royale, ce que Renart fait et obtient en apitoyant le souverain. Il n'a plus qu'à promettre de partir en Terre Sainte... On ne peut s'empêcher de penser au jugement apparemment terrible que saint Louis aurait souhaité proférer contre Enguerrand de Coucy : sous la pression de ses barons, le roi lui épargne finalement la vie, mais il le condamne à une lourde amende et à un pèlerinage à Jérusalem. Le roi Noble, comme saint Louis, aurait-il pu condamner à mort l'un de ses barons ? Le Roman ne décrit-il pas, tout simplement, l'extrême proximité qui unit le roi à sa noblesse ? Proches du roi, les barons sont intouchables et, tels Renart, ils se faufilent entre les rets.

La discussion relative aux normes religieuses constitue l'autre volet qui met en forme la société. Il s'agit essentiellement de crimes de mœurs que sont le viol, le rapt et surtout l'adultère. Renart les pratique sans vergogne, voire au nez des maris trompés. Or l'adultère est une infraction grave. Les chartes urbaines sont particulièrement sévères à l'égard de ce crime au XIIe siècle, comme en témoignent la peine de course et le droit qu'a le mari de mettre à mort l'épouse et son amant, ou de castrer ce dernier, sans être rigoureusement poursuivi. Or des changements sont perceptibles dès la fin du XIIe siècle, à un moment où l'Eglise recommande le pardon au mari et où le droit canonique interdit l'adultère, qu'il s'agisse du mari comme de la femme. La patience du roi Noble face aux égarements de Renart n'est-elle pas ridicule et ne traduit-elle pas justement une forme de critique de ces évolutions lénifiantes ? De façon générale, comme le montre très bien Jérôme Devard, les normes imposées par l'Eglise sont, dans le *Roman de Renart*, sévèrement remises en cause. Or les différents conciles ont de plus en plus clairement et strictement défini le mariage et les interdits y afférant. Ils ont imposé une discipline des mœurs qui donnent aux clercs la mainmise sur l'échange des femmes et imposent le

17

consentement des époux et la publicité du mariage, sous peine qu'il devienne clandestin. Le pontificat d'Innocent III et le quatrième concile de Latran, en 1215, viennent clore ce système normatif qui est censé s'imposer aussi aux membres de l'aristocratie. Face à cette mise en normes, la littérature est encore une fois précieuse pour comprendre les réactions de l'opinion, car il n'est pas toujours possible pour l'historien de mesurer les oppositions que ces mesures ont pu susciter. Certes, on sait désormais que l'aristocratie méridionale s'est en partie jetée dans l'hérésie cathare pour échapper aux codes jugés pesants qu'imposait l'Eglise pour encadrer les fidèles. Les personnages du Roman de Renart témoignent à leur façon, qu'en France du Nord, des réticences ont pu s'exprimer face aux lois de l'Eglise : l'union des nobles est une simple *desponsatio*, l'inceste est pratiqué entre cousins germains, le viol et l'adultère sont courants. On peut même aller encore plus loin. Le Roman témoigne d'un véritable anticléricalisme dont on sait qu'il se poursuit par la suite, en particulier par le biais de la littérature.

L'intérêt de cette étude est donc de situer le *Roman de Renart* au confluent de normes qui se chevauchent, évoluent, et parfois se contredisent, avant que ne s'impose plus clairement le droit romano-canonique : normes ritualisées de la procédure accusatoire, normes tacites qu'imposent les droits du sang et le code de l'honneur. La question est de savoir comment la société s'en est accommodée, et surtout la noblesse. Le Goupil en donne la clé, qui sait jouer de tous les registres, en démontrant de quels moyens les élites ont pu disposer pour affirmer leur suprématie et conserver leur liberté.

Claude Gauvard
Professeur émérite d'Histoire du Moyen Âge
Paris I Panthéon-sorbonne

Préface

Jérôme Devard me fait l'amitié de me confier la présentation de son livre ; il est rare que le directeur d'une thèse en cours ait, ès qualité, l'occasion d'écrire une préface avant l'édition de ladite thèse : cela montre que ce doctorant est, assez exceptionnellement, l'auteur d'un premier travail académique (feu le DEA), de jeunesse – il a été soutenu il y a déjà 8 ans – mais suffisamment mûr pour mériter les honneurs de l'imprimé. C'est d'ailleurs strictement en tant qu'actuel directeur – et, je l'espère, en tant qu'ami – qu'il m'y convie, et non pas en tant qu'expert, car ce livre très original dépasse de loin mes compétences très classiques d'historien médiéviste attentif aux faits sociaux : il porte sur des sources dites « littéraires », que je connais mal, et son approche est celle d'un juriste historien...

Enonçant mes faiblesses, je crois mettre en valeur, au moins par défaut, les qualités de cet ouvrage. Bien sûr, celui qui accepte le jeu de la préface endosse du même coup le compromis de la dithyrambe ; même si le rapport hiérarchique est, dans la version universitaire de cet exercice, inverse à celui qui lie Pétrone à Néron, le préfacier se doit de « suspendre son jugement », comme on dit en théologie coranique. Toutefois, n'ayant pas dirigé cette recherche, j'ai pu la lire d'un œil extérieur, et je l'espère, objectif, au-delà de ma sympathie pour son auteur. On ne soupçonnera donc pas ma sincérité si j'insiste au moins sur l'originalité de sa démarche et sur sa réelle pluri-disciplinarité – qu'il faut défendre d'autant plus qu'elle prête le flanc à la critique d'universitaires de plus en plus spécialisés, et qui ne la conçoivent (et la revendiquent) que comme d'aimables conversations aux frontières des prés carrés, des rencontres « en marche » comme on disait aux temps médiévaux.

Malgré les apports de l'anthropologie juridique, les historiens du droit restent attachés, très logiquement, à l'étude de la norme formalisée et coercitive, celle qui semble découler de principes philosophiques préalables, telle qu'on la trouve énoncée en particulier dans les textes réglementaires (notamment légaux) et dans les procédures judiciaires ; or, J. Devard renouvelle et étend immensément les sources de l'analyse juridique, non pas en recourant, comme l'ont déjà fait les plus aventureux des juristes historiens, aux « chartes » et aux actes de la pratique, mais en intégrant tout bonnement un cycle de littérature satirique. Les historiens des faits sociaux eux-mêmes, influencés par le *linguistic turn*, restent circonspects quant à la capacité informative des sources littéraires ; mais il faut bien reconnaître que le choix du *Roman de Renart*, s'il n'est pas techniquement facile (une source immense et de composition complexe), est méthodolologiquement heureux, car, depuis les fables d'Esope, le souci de critiquer allégoriquement la société implique une évocation exacte ou au moins plausible de la même société. Par ailleurs, à choisir ce cycle, J. Devard a bien compris que la norme est partout, quoique plus ou moins explicitement formulée, dans l'écrit, parce que, en tant que système de références morales et comportementales, elle est partout dans la vie en société : c'est ce que l'on pourrait appeler la normativité des faits sociaux, surtout dans des sociétés dont le moteur est le conformisme. Admettant que les mœurs sont à la fois l'expression et le moteur des normes, il y a dans cet ouvrage la posture du sociologue à travers le regard du juriste...

De ce fait, l'historien « social » est parfaitement satisfait de la démarche et des données de ce livre – au-delà de quelques lacunes historiographiques, que l'on excusera autant par la formation de l'auteur (des études de droit et non pas d'histoire) que par les limites de temps imparties à son travail. La technicité de l'interrogation juridique (et philologique), que l'historien admire tout en lui reprochant sa sécheresse et son manque d'humanité, aboutit ici à révéler non pas les principes éthérés du droit savant ou l'usage des mots par les « auteurs » mais l'homme en société, tout simplement : des couples, avec leur vie sexuelle et affective, les sujets, plus ou moins fidèles et critiques, d'une monarchie féodale... Malgré des bases méthodologiques qui mériteraient d'être un peu plus explicitées, la réflexion est, très sainement, beaucoup plus anthropologique que positiviste.

Il est certain que, pour nos collègues qui étudient plus précisément l'histoire des manières de dire, ce livre manquera un peu de pénétration littéraire. Au carrefour des disciplines, on ne peut contenter tout le monde également... Il était difficilement évitable d'éluder la bibliographie proprement littéraire, énorme sur une œuvre aussi célèbre ; cela ne signifie pas pour autant qu'il faille se réjouir de cette lacune, avec le mépris de certains « purs » historiens envers les analyses de leurs collègues de « lettres » : la fonction performative du langage oblige tout historien des faits à être historien des mots... Ainsi, il est certain qu'au moins les magnifiques instruments d'érudition forgés par les médiévistes littéraires (le *Lexique* de G. Tilander, l'*Index* de J. Subrenat) auraient pu conférer aux analyses ponctuelles une systématicité plus grande – or, l'historien, disciple en cela du philosophe, recherche toujours le général derrière le contingent, sous peine d'être un simple érudit.

Mais Renart, c'est aussi, même (et surtout) pour qui n'est pas historien, des souvenirs couleur d'enfance ; Isengrin, Tibert le chat, Chantecler sont des personnages que l'on évoque fugacement, à l'école, pour n'y plus jamais penser – à peine, plus tard, dans les révoltes de la jeunesse, quelques rares curieux y reviennent-ils, pour y chercher un caractère subversif originel et populaire, dont la subversivité et le caractère folklorique sont d'ailleurs bien surestimés. Merci, donc, pour cette madeleine qui nous remémore notre passé personnel. A lire les réflexions sur ce roman qui est aussi un fondateur de notre imaginaire collectif, on regrette presque, parfois, que la précision du discours scientifique occulte la saveur, simple et immédiate, des récits...

Revenons à la rigueur des louanges académiques. Au risque de tirer honteusement la couverture vers la corporation des purs historiens, il me semble qu'une source *littéraire* travaillée par un *juriste* donne finalement la meilleure étude d'*histoire*, celle-ci étant entendue comme une science humaine et sociale du passé, ouverte aux interrogations élaborées pour penser le présent, attentive à la dimension temporelle, à la chronologie, au rythme, donc à l'évolution. Le pari épistémologique de J. Devard, dont l'audace ne doit pas être sous-estimée, entre histoire, littérature et droit, donne la mesure du courage et de l'enthousiasme de ce jeune historien. On ne peut que lui souhaiter d'avoir beaucoup de lecteurs, et le préfacier, se souvenant qu'il est aussi directeur, d'espérer derechef – *in cauda venenum* – voir perdurer et se développer ces qualités dans de futurs travaux.

Stéphane Boissellier,
Professeur d'Histoire du Moyen Âge
Université de Poitiers-CESCM.

Introduction

« *Quelle est donc cette œuvre, qui au détriment du vieux mot* goupil, *imposa à la langue courante le nom commun de* renard ? »[1].

Le *Roman de Renart* ne présente aucune ressemblance avec ce qu'est en droit d'attendre le lecteur de Balzac. Le terme générique de « roman » est, en fait, un choix linguistique, celui de la langue vulgaire, par opposition au latin. Sorte d'épopée animale, comme on l'a souvent appelée, ou plutôt parodie des chansons de geste et des romans courtois, le *Roman de Renart* ne se présente nullement sous l'aspect d'un récit suivi et cohérent ; c'est une succession de petits poèmes indépendants appelés « branches » au Moyen-Âge, qui se sont regroupés autour d'un thème central, la lutte du goupil et du loup.

La plupart des auteurs de ces petits contes sont demeurés anonymes. Cependant, on attribue classiquement, les branches II et V^a à Pierre de Saint-Cloud, poète cultivé, qui a dû fréquenter les tribunaux et les gens de loi, et a eu l'idée de mettre à la disposition d'un large public des aventures qui étaient alors réservées aux clercs. La branche XII a été écrite par Richard de Lison qui a, très certainement, approché des évêques et des abbés ; quant au prêtre de la Croix-en-Brie, lecteur assidu des aventures de Renart, il s'intéresse dans la IXe aux paysans de sa paroisse sans éprouver pour eux beaucoup de sympathie.

Les origines du Roman de Renart

Il existe un incontestable lien de parenté entre le *Roman de Renart* et les fables d'animaux issues de l'antiquité classique et rassemblées dans des recueils que le Moyen-Âge a baptisé « Isopets », du nom d'Esope ; mais le cycle de Renart contient aussi des contes qu'on retrouve dans les traditions

---

[1] J. DUFOURNET et A. MELINE, *Le Roman de Renart,* édition bilingue, GF Flammarion, 1985. *Introduction,* p. 5.

populaires de pays les plus diverses. Alors, origine littéraire ou origine folklorique ?

Dans un premier temps, on a plutôt considéré, les sources du *Roman de Renart* comme orales et les auteurs des branches comme d'« assez pauvres habilleurs de contes[2] » qui se seraient contentés de mettre par écrit des récits qui existaient déjà dans la mémoire collective.

En rejetant la vieille conception de Jacob Grimm (1785-1863) qui voyait l'origine de l'épopée animale dans les forêts germaniques primitives, Léopold Sudre a soutenu, que les récits du *Roman de Renart* ont pour origine des contes d'animaux de provenance très variée qui circulaient dans les peuples, il y a un millénaire, et non des fables gréco-orientales[3].

Le résultat des recherches de Léopold Sudre a été contesté avec des arguments très convaincants par Lucien Foulet[4] : celui-ci s'élève à juste titre contre la tendance de ses prédécesseurs qui n'ont pas pris en compte, selon lui, de la création individuelle des auteurs ; il démontre que le *Roman de Renart* est une œuvre d'origine savante et non de tradition orale populaire. Ses racines puiseraient en effet, dans la littérature médiévale : dès le Xe siècle, le poème de l'*Ecbasis Captivi*[5], composé par un religieux du monastère de Saint-Evre, à Toul, raconte le conflit du goupil et du loup (celui-ci est écorché sur les conseils de son ennemi, pour guérir le lion). Un autre poème de la fin du XIe siècle, *De Lupo*, nous montre un loup pèlerin et moine. Enfin, le poète flamand Nivard, avec son poème de l'*Ysengrimus*[6] composé vers 1152, nous propose une œuvre riche de tous les thèmes de l'épopée animale : chaque personnage y est caractérisé et pourvu en même temps d'une appellation personnelle.

---

[2] M. BOYON et J. FRAPPIER, *Le Roman de Renart (Extraits)*, Classiques Larousse, 1937, p. 6.
[3] L. SUDRE, *Les Sources du Roman de Renart,* Paris, 1892.
[4] L. FOULET, *Le Roman de Renart*, Paris, 1914.
[5] *Ecbasis Captivi*, éd. E. VOIGT, Strasbourg-Londres, 1875.
[6] NIVARD, *Ysengrimus*, éd. VOIGT, Halle, 1884.

Les antécédents littéraires du *Roman de Renart* sont donc bien prouvés et sa filiation directe avec la littérature latine médiévale est incontestable ; cependant cette constatation n'élimine entièrement l'hypothèse d'une transmission des contes d'animaux par tradition orale.

Chronologie des branches

Le premier constat que fait le novice, lorsqu'il étudie pour la première fois le manuscrit du *Roman de Renart*, est que les vingt-six branches, qui composent le « cycle renardien », se suivent au hasard, sans aucun ordre logique ni chronologique : c'est ainsi que dans le manuscrit français 20 043 de la Bibliothèque Nationale, la branche qui porte le numéro I ne saurait passer pour la plus ancienne.

Cependant, Lucien Foulet[7], en s'appuyant sur les études approfondies d'Ernst Martin[8] et de M. Büttner[9], a réussi à établir la chronologie approximative des divers contes de Renart : les plus anciennes branches – une quinzaine – semblent avoir été écrites entre 1170 et 1205 et réunies en recueil au début du XIIIe siècle. Les onze dernières, de qualité nettement inférieure, datent approximativement des cinquante années suivantes.

Les plus anciennes branches (II, V^a, III, IV, XIV, I, X, VI) ont été rédigées probablement au dernier quart du XIIe siècle et sans doute avant 1190. Pierre de Saint-Cloud, auteur de la branche II et de sa suite la branche V^a, a été le premier à raconter plusieurs aventures où Renart est tantôt dupé, tantôt dupeur triomphant.

Les autres branches, de valeur assez inégale, peuvent être considérées comme de simples appendices de la branche II. Ce qui fait l'intérêt de ces anciens poèmes, c'est l'esprit de parodie : parodie des chansons de geste et des romans

---

[7] L. FOULET, *Le Roman de Renart*, op.cit.
[8] E. MARTIN, *Observations sur le Roman de Renart*, Paris, 1887.
[9] H. BÜTTNER, *Studien zu dem Roman de Renart und dem Reinhardt Fuchs,* Strasbourg, Trübner, 1891.

courtois ; c'est aussi le sens de l'observation et la satire, parfois assez hardie, de la société féodale, des coutumes judiciaires, et même de la religion.

Les aventures de Renart se multiplient à la fin du XIIe siècle et dans les premières années du XIIIe siècle : la plupart ne sont que d'assez pâles imitations des premières ; d'autres cependant ne manquent pas de charme : c'est le cas de la branche VII (*Renart mange son confesseur*) ou de la XVII (*La Mort de Renart*). La renommée de Renart est alors telle qu'elle se répand très vite à l'étranger et à la même période, l'Alsacien Heinrich der Glichesaere (Henri le Sournois) compose son *Reinhart Fuchs* où il s'inspire de plusieurs branches françaises. Plus tard, vers 1250, le Flamand Wilhelm traduit la première branche sous le titre de *Reinaert de Vos* et cette version néerlandaise, complétée par des imitations étrangères, est, à travers maintes adaptations, la source lointaine du *Reineke Fuchs* de Goethe[10].

Cependant, malgré toutes les facettes du personnage, Renart n'est plus guère capable d'animer les dernières aventures de son roman, écrites entre 1205 et 1250. Il est vrai que la veine est désormais un peu tarie et que les successeurs de Pierre de Saint-Cloud manquent cruellement d'inspiration. De plus, dans la première moitié du XIIIe siècle, le caractère du goupil se transforme et prend une valeur symbolique : il personnifie dorénavant le Mal, répondant ainsi à une volonté moralisatrice.

Dans la seconde moitié du XIIIe siècle, Renart devient le héros de poèmes touffus et longuets, très éloignés de l'esprit des anciennes branches : l'étalage encyclopédique des notions les plus diverses a remplacé la parodie humoristique et la satire. Ainsi, dans son poème de *Renart le bestourné*, écrit entre 1261 et 1270, Rutebeuf vise dans la personne de Renart les ordres mendiants et l'hypocrisie religieuse. On retrouve les mêmes attaques et les mêmes intentions morales dans *Renart le Nouvel*, composé en 1288 par Lillois Jacquemart Gelée. Le mensonge et l'hypocrisie de la

---

[10] M. BOYON et J. FRAPPIER, *op. cit.*, p. 9.

Renardie, sont encore plus violents dans le *Couronnement de Renart* (1295).

Renart connaît enfin, dans le premier quart du XIVe siècle une dernière et étonnante métamorphose : il sert de masque et de porte-parole à un clerc de Troyes, dégradé de la cléricature à la suite d'un mariage scandaleux et enrichi par la suite dans le commerce des épices. Cette œuvre reste vivante grâce à la vie tumultueuse de l'auteur et Renart, toujours symbole de l'hypocrisie, s'emporte contre les mœurs corrompues de l'époque, prenant le parti du Bien contre le Mal.

En raison de différentes dénaturations, de l'esprit même des vingt-six premiers récits et de leurs objectifs, ces textes tardifs ne font pas partie des sources sur lesquelles s'est appuyée l'étude qui est proposée ; qui pour ce faire, suivra la numérotation des branches telle que l'a définie Ernst Martin[11] et reprise par Jean Dufournet et Andrée Méline[12].

Le reflet critique de la société féodale

Le Roman de Renart est une parodie de la littérature médiévale épique et courtoise. A l'inverse de ce genre littéraire qui n'a jamais véritablement et scrupuleusement reflété le mode de vie de la société féodale, les différents trouvères, sous le couvert d'une épopée animale, décrivent les hommes dans leur vérité crue et critiquent une société et des mentalités qu'ils connaissent bien et qu'ils réprouvent. En portant à son paroxysme le côté primitif de l'Homme, le cycle « renardien » ne fait que restituer un quotidien que Chrétien de Troyes, par exemple, a eu tendance à occulter.

On ne peut cependant pas considérer les récits de Renart comme retraçant fidèlement la vie quotidienne des XIIe et XIIIe siècles. C'est d'abord une œuvre composée en réaction contre une littérature épique qui forçait volontairement certains traits de caractère de l'être humain pour que celui-ci

---

[11] E. MARTIN, *Examen critique des manuscrits du « Roman de Renart »*, Bâle, Schweighauser, 1872.
[12] J. DUFOURNET et A. MELINE, *op. cit., passim*.

puisse accomplir l'acte héroïque qu'on attendait de lui. *Le Roman de Renart* présente exactement les mêmes caractéristiques et les mêmes défauts : c'est un vibrant plaidoyer en faveur du mensonge et, plus largement, de tous les vices, imaginé uniquement dans le but de lutter contre le grotesque de ces exploits chevaleresques.

Ce sont aussi des contes inspirés des fabliaux antiques où les personnages agissent et pensent sous deux aspects différents. Mais à l'inverse des fabulistes qui se satisfaisaient d'une collaboration si peu naturelle des hommes et des animaux, nos poètes mettent en scène non seulement les représentants des espèces animales, mais aussi des êtres aux caractères nettement définis, parfaitement individualisés jusque dans leur nom. Ils ne sont pas isolés dans leur milieu naturel, mais évoluent dans le cadre d'une société organisée où se retrouvent jusque dans les moindres détails les mœurs et les usages de la société féodale. Même si le *Roman de Renart* ne la reproduit pas à l'identique il en donne la vision qu'en avaient les trouvères ; vision nécessairement partagée par une partie de leur lectorat. Si le discours n'est pas vrai, il est vraisemblable. Ce n'est peut-être pas une description fidèle des institutions, mais c'est une description de la manière dont les contemporains les percevaient et les recevaient[13].

Les premières branches du *Roman de Renart* furent composées, comme on l'a vu, de 1175 à 1205, au moment où s'achevait le règne de Louis VII et où s'ouvrait celui de Philippe-Auguste. La monarchie capétienne, désormais stabilisée, pouvait envisager de se rénover. Une solide

---

[13] Ainsi, on peut dire du *Roman de Renart*, ce que M.-T. LORCIN déclare pour les fabliaux dans son livre *Façons de sentir et de penser les fabliaux français*, Librairie Honoré Champion, 1979 : « Comme tous les textes littéraires, les fabliaux ne peuvent donner de l'époque où ils furent composés qu'une image déformée et partielle. [...] Pourtant, l'historien n'hésite pas à considérer comme faisant partie de son territoire les textes littéraires. L'historien des mentalités est même tenté de les placer en première ligne, car ils révèlent, autant et parfois mieux que les textes normatifs, la façon de sentir et de penser. »

organisation administrative était désormais en mesure d'assurer l'exécution des décisions dans le domaine royal ; au-delà, le roi ne pouvait encore légiférer qu'avec l'agrément des seigneurs. Les liens féodo-vassaliques, toujours puissants, alimentaient la cour ses grands officiers, et les vassaux siégeaient à la cour. La *Curia regis,* organe primordial, était le centre de l'activité politique, pourvue aussi d'attributions judiciaires.

Mais la vassalité avait aussi son revers : dans tous les domaines, l'autorité du monarque se heurtait à l'influence des grands seigneurs et des hauts barons qui défendaient leurs intérêts. Pourtant, depuis le XIe siècle, une force grandissait sur laquelle le pouvoir royal allait bientôt s'appuyer : les bourgeois, enrichis par le commerce arrachaient peu à peu aux seigneurs laïques et ecclésiastiques le droit de s'administrer. En face de la féodalité se dressait déjà la résistance des bourgeois. Les conteurs de Renart, aussi désireux d'atteindre la clientèle des châteaux que le public des rues, s'appliquèrent à calquer la société animale sur le modèle de la société humaine.

Conformément à la réalité contemporaine, au sommet de cette hiérarchie trône un souverain, Noble le lion qui est le gardien des lois, le justicier suprême et le défenseur de la paix. Autour de lui, se réunissent des nobles barons dévoués à leur maître et toujours prêts à l'assister de leurs conseils et de leurs armes. C'est parmi eux que se trouvent Ysengrin le loup et Renart le goupil, qui aux dires des trouvères « *qu'ains ne s'entramerent nul jor ; mainte mesle et mainte estor* »[14]. Ces chevaliers féodaux sont, pour la plupart, pourvus d'une famille qui leur crée de singulières difficultés nécessitant l'intervention de la mesnie royale. Entre animaux, le règlement de comptes se ferait à coup de griffes et de dents ; entre barons, il n'est réglé qu'après délibération du conseil.

Le monde aristocratique, entiché de ses privilèges, utilise à son profit les institutions. Renart se définit par rapport à cette

---

[14] *Le Roman de Renart,* Branche VII^a, vers 15 et 16, Bibliothèque de la Pléiade, éd. Gallimard, 1998.

noblesse. Pressé par ses ennemis, il doit uniquement son salut à des garanties légales qu'il méprise et dont ses juges n'hésitent pas à le faire bénéficier. En cela, les poètes constatent l'injustice sociale et déplorent l'égoïsme des classes supérieures, l'inaptitude des princes à bien choisir leur entourage, la sottise et l'arrogance des petites gens.

La critique du roi, de la cour et des institutions du XIIe siècle apparaît déjà hardie. Mais les conteurs sont encore plus acerbes lorsqu'ils traitent de la religion et du monde ecclésiastique. Les poètes du Moyen-Âge n'hésitaient pas à adresser leurs reproches aux serviteurs de Dieu[15] et les auteurs de nos branches ne dérogent pas à la règle : Renart, sujet rebelle, en difficulté avec la justice royale, témoigne aussi d'une égale indifférence à l'égard de la religion et de ses rites.

Témoignage de son temps, le *Roman de Renart* est une source inépuisable d'inspiration. Cette œuvre a été le sujet d'études aussi nombreuses que diverses. La plupart d'entre elles ne sont qu'un ensemble de remarques purement littéraires[16] sur une ou des notions particulières[17]. D'autres traitent plus particulièrement de sociologie juridique ou de la notion générale de « droit » mais se limitent uniquement à quelques branches : c'est le cas de Jean Graven qui ne s'intéresse qu'au procès de Renart. Le jugement sert, en fait, de toile de fond à une étude du droit criminel féodal au XIIe siècle[18]. Mais aucune étude globale n'a véritablement porté sur le cœur même du roman ; c'est-à-dire sur les personnages et liens qui les unissent.

---

[15] R. BOSSUAT, *Le Roman de Renart*, Hatier, « Connaissance des Lettres », 1957.
[16] J. SCHEIDEGGER, *Le Roman de Renart ou le texte de la dérision*, Genève, Droz, 1989.
[17] C. REICHLER, *La Diabolie, la Séduction, la Renardie, l'Ecriture*, Minuit, 1979.
[18] J. GRAVEN, *Le Procès criminel du Roman de Renart : étude du droit criminel féodal au XIIe siècle*, Genève, Georg, 1950.

Robert Bossuat a fait une approche dans ce sens, mais il se contente de brosser un rapide portrait des personnages principaux[19].

Une société est avant tout une réunion de plusieurs individus ayant décidé de vivre ensemble pour aboutir à la réalisation d'un objectif commun. Mais elle n'est pas seulement composée d'individualités. Ces dernières peuvent se retrouver dans le cadre d'entités plus petites parce qu'elles éprouvent un sentiment commun d'appartenance à un groupe déterminé ; ces sous-groupes sociaux font partie intégrante de la société. Les règles juridiques ne font que régir les relations entre ces différentes personnes. Elles ne sont pas une fin en elles-mêmes ; mais elles sont nécessaires pour maintenir l'ordre.

La société n'est pas figée ; elle évolue avec les personnes physiques ou morales qui la composent. Les trouvères ont calqué leur société animale sur la société médiévale du XII^{e}siècle. Renart va donc se trouver confronté à des archétypes d'individus qui ont réellement existé à l'époque féodale. Le *Roman de Renart* va devenir la toile de fond d'une réflexion sur les personnes, les groupes et les liens tissés entre eux, pendant la période du Haut Moyen-Âge.

L'étude portera dans un premier temps, non pas sur l'individu pris isolément, mais sur un groupe fondamental et commun à toutes sociétés et à toutes les époques : la famille. Les trouvères ne remettent jamais en cause cette notion. La famille dans *le Roman de Renart* est l'exact reflet de ce qu'elle était à l'époque médiévale (Chapitre I). Si quelques exagérations parsèment l'histoire, elles n'ont été introduites que dans un but purement satirique ; et dans l'ensemble, la vie familiale a été retranscrite fidèlement. L'idée de famille était différente de notre conception moderne : elle se concevait selon le modèle lignager, vaste groupe d'individus unis par des liens de parenté légitimes, descendant d'un ancêtre commun. Les règles de fonctionnement du lignage

---

[19] R. BOSSUAT, *Le Roman de Renart,* chapitre 5 « La peinture des personnages », Hatier, « Connaissances des lettres », 1957.

obéissaient à des règles précises où chaque membre avait un rôle et des devoirs bien établis, laissant de côté les rites et la morale chrétienne.

La famille conjugale ou le couple n'avait pas une réelle utilité sociale, mais elle représentait, pour l'individu, le premier rempart et le premier secours, en cas de crise. Là encore, les auteurs dépeignent la réalité de leur époque même s'ils se permettent une légère satire à propos de la répartition inégalitaire des forces à l'intérieur du couple : ils brossent le portrait d'un mari omnipotent et volage, d'une épouse docile mais insoumise et des enfants dans un état proche de la servitude.

Dans un deuxième temps, le travail portera plus particulièrement sur les relations extra-familiales : au XIIe et au XIIIe siècle, chaque individu était enserré dans un réseau de liens de puissance auquel les historiens donnèrent le nom de « système féodo-vassalique ». Cet aspect des liens de dépendance fait l'objet d'une critique nuancée de la part des auteurs qui ont manifestement constaté certains abus (Chapitre II). Le roi et les institutions sont égratignés mais dans l'ensemble, ils en font une description fidèle, brossant, au passage, quelques portraits hauts en couleur de certains dignitaires.

Chapitre I
Les aléas des liens du sang

La notion et la conception de la famille dans l'Europe féodale n'avaient aucune similitude avec la famille restreinte de type moderne : elle était conçue de manière beaucoup plus large ; la solidarité familiale s'étendait au-delà du carcan où le code civil l'a enfermée, c'est-à-dire entre les parents et leurs enfants légitimes. A l'époque féodale, la parenté se fondait sur l'identité de sang. Les termes qui servaient à désigner cette forme de parentèle large étaient assez flottants : on employait souvent le nom de « lignage ». Les liens ainsi noués passaient pour être d'une vigueur extrême ; un mot était caractéristique : pour parler des proches, on disait communément les « amis ». Ce n'est que par un souci d'exactitude que parfois on précisait les « amis charnels »[20] : comme s'il n'y avait d'amitié véritable qu'entre personnes unies par le sang.

On appelait lignage le groupe de personnes unies par des liens de parenté légitime et qui descendaient d'un ancêtre commun. On aurait tort d'opposer au lignage le groupe le plus restreint, consacré en 1804, formé uniquement des parents et de leurs enfants. Descendants d'un même auteur, les enfants appartenaient aussi bien au lignage paternel qu'au maternel. Mais la notion de lignage dépassait les murs de la maison : il comprenait aussi tous les collatéraux qui étaient issus d'un même ancêtre. A la différence de l'agnation romaine exclusivement fondée sur la parenté par les hommes, le lignage s'étendait aussi bien à la parentèle féminine que masculine. C'était un concept juridique très utilisé dans toutes les classes sociales ; mais seules les familles nobles en ont connu une véritable organisation et même une hiérarchie.

En présence d'une famille étendue et aux ramifications certainement multiples, le choix nécessaire de l'ancêtre commun à tous les lignagers, pouvait se révéler être d'une grande complexité. De sa désignation dépendait le nombre

---

[20] Sur la notion d'amis charnels, voir J. TURLAN, « Amis et amis charnels d'après les actes du Parlement au XIVe siècle », *R.H.D.*, 1969, p. 645-698.

plus ou moins important de lignagers qui assisteront le « chevetaigne de guerre » : si ceux-ci se reconnaissaient comme étant des descendants d'un même ancêtre lointain, d'une même entité totémique, le lignage était composé d'une multitude d'individus sur lesquels pouvait s'appuyer le chef. A l'inverse, si les lignagers choisissaient comme ancêtre commun, un ascendant proche mais dont l'existence n'était pas à prouver, le nombre de lignagers était *de facto* plus réduit.

En pratique, le lignage ne produisait des effets qu'autant que les membres de la lignée se connaissaient, se fréquentaient et s'identifiaient comme tels. Il fallait toujours compter avec la disparition de certains membres qui, ayant quitté la seigneurie, ne donnaient plus signe de vie et n'étaient plus considérés comme faisant partie du lignage jusqu'à ce qu'ils se manifestent à nouveau. Le lignage, tel qu'il apparaît dans les poèmes, semble montrer que la notion s'entend essentiellement comme un lien direct et proche ; et non pas collatéral et lointain. Même si historiquement, le lignage avait une toute autre étendue, les trouvères semblent considérer que la solidarité familiale ne jouait, en fait, qu'entre parents proches : le lignager le plus éloigné qui a un rôle actif dans le *Roman de Renart*, est Grimbert, le cousin germain de Renart.

Les trouvères des aventures de Renart sont bien conscients de l'importance effective du lignage ; comment pourrait-il en être autrement, puisqu'ils vivent dans une société où la solidarité familiale est encore le fer de lance ? D'ailleurs, ils font, tout au long des branches, une fidèle description de son contenu et de son étendue. Mais ce serait commettre une grossière erreur de mettre le mariage de côté. Grâce à cette institution, le lignage pouvait prospérer et s'étendre grâce à la naissance d'enfants. Néanmoins, la situation doit être relativisée : malgré les supplices et les efforts de l'Eglise, le mariage chrétien ainsi que certains autres aspects de la liturgie chrétienne, n'étaient pas encore très ancrés dans certains esprits laïcs de la fin du XIIe siècle. Témoins de leurs temps, les trouvères décrivent et critiquent les mœurs d'une société aristocratique bien assise sur des usages issus de l'époque carolingienne et encore réticente aux enseignements de l'Eglise.

I. Le couple, cœur de la parentèle

L'institution matrimoniale est demeurée pendant longtemps reléguée sur les marges de la sacralité. Les dirigeants de l'Eglise ne s'empressèrent pas de lui donner une enveloppe rituelle bien définie, trop occupés à tenter de moraliser l'union en elle-même. Ce ne fut qu'à compter du Xe siècle que l'Eglise commença à imposer sa conception de la famille et du mariage qui la fondait.

La société carolingienne était une société de transition qui professait les principes chrétiens plus qu'elle ne les pratiquait. La cour impériale représentait l'exemple type : Charlemagne eut onze épouses ou concubines connues et sa cour était riche de bâtards et de cousins marginaux : le plus grand désordre y régnait[21]. Les rapts et l'inceste étaient des choses fréquentes. Les évêques tentèrent tant bien que mal de moraliser et de discipliner la vie sociale. En effet, sollicités d'exalter les valeurs de la conjugalité, les prélats saisirent l'occasion de mettre l'accent sur la loi évangélique d'une seule épouse, réaffirmant le principe d'indissolubilité du mariage[22] et l'interdiction de répudier sa femme. Mais l'insistance avec laquelle ils étaient obligés de répéter sans cesse ces deux règles, encore au XIIe siècle, atteste que, sur ces points, leurs exhortations butaient contre des écueils.

Témoins de leur temps, les trouvères de Renart montrent que les esprits étaient encore relativement fermés aux enseignements distribués par l'Eglise, du moins dans le milieu aristocratique dans lequel évoluent les personnages du *Roman de Renart*.

---

[21] P. RICHE, *Les Carolingiens,* Paris, 1997, p. 146-163.
[22] MATTHIEU, 19, 6 : « *Et bien !* ce que Dieu a uni, l'homme ne doit ne doit point le séparer. »

§1. Le mariage : une institution marginale

Au XIIe siècle, l'idée d'une race élue où, par le sang se transmettait la vertu, paraît s'être imposée à l'ensemble de l'aristocratie. Ce qui était essentiel pour cette classe sociale, c'était la transmission de leur sang. Dans ces conditions, le statut juridique de l'union importait peu dès lors que la mère était de bonne souche.

Cette première conception s'opposait à celle du mariage chrétien. L'Eglise a tenté, tout au long du XIIe siècle, de faire du mariage le septième sacrement. Voulu dès la Création[23], le mariage est une institution dont la sainteté, confirmée par la présence du Christ aux noces de Cana où il accomplit son premier miracle, confère au droit qui la concerne une nature particulière. Institution relevant pour partie du droit divin, pour partie du droit humain, le mariage, union de deux êtres en une seule chair est le symbole de l'union du Christ et de l'Eglise. Il prend ainsi une dimension qui dépasse son aspect purement humain, renforce sa sainteté et l'appelle à revêtir une dimension sacramentelle.

Témoins de leur temps, les trouvères de Renart décrivent les structures sociales dans lesquelles ils vivent. Grâce à eux, il est possible d'avoir une idée sur la pratique du mariage à la fin du XIIe siècle dans le milieu aristocratique. On peut d'ores et déjà constater, à la lecture du roman, que les deux conceptions s'opposaient toujours à la fin du XIIe siècle, comme le prouve le mode de célébration des unions ainsi que les devoirs inhérents au mariage.

---

[23] *Genèse, 2, 18* : « Il n'est pas bon que l'homme soit seul. Il faut que je lui fasse une aide qui lui soit assortie. » et *Genèse, 2, 24* : « C'est pourquoi l'homme quitte son père et sa mère et s'attache à sa femme et ils deviennent une seule chair. »

A. La célébration décléricalisée de l'union « renardienne »

A la lecture du *Roman de Renart*, il apparaît que les personnages ne semblent pas être unis selon le rite chrétien. Cette constatation se fonde sur l'absence de clercs, seuls personnages habilités à unir deux personnes dans les liens sacrés du mariage. En réalité, dans la plupart des cas, les unions décrites dans les récits, ressemblent à l'union consacrant la pratique de la *desponsatio*, une union plus malléable pour l'homme, instaurée depuis les temps carolingiens, qui demeurait encore très présente au XIIe siècle dans l'aristocratie, bien que les rites et le mariage chrétien commencent à pénétrer lentement les esprits.

1) *La prééminence de la* desponsatio

De prime abord, il paraît difficile de qualifier les unions présentes dans le roman. Tous les personnages semblent mariés et on sait très peu de choses de leur union. Seuls quelques personnages y font allusion, telle Hersent la louve. On apprend de la bouche de la femme du connétable que celle-ci fut unie avec le loup dix ans avant les évènements relatés dans les poèmes. La louve résume rapidement l'union et sa célébration :

« *Foi que je doi Pinçart mon fil, ahain le premier jor d'avril ot dis ans qu'Ysengrins me prist, que Pasques furent, si conme il dist. Mes noces furent su pleinieres que nos salles et nos duieres furent toutes de bestes plainnes, voir certes, qu'à molt grant peine i peüssiés tant de vuit trouver qu'une oe i peüst couver.* »[24].

Les paroles d'Hersent reflètent les pratiques matrimoniales encore en vigueur au XIIe siècle. Dans le milieu aristocratique, tous les mariages étaient arrangés, en accord

---

[24] *Le Roman de Renart,* Branche I^a, vers 159-168.

avec les exigences d'une société fondée sur le modèle lignager où l'union avait comme unique objectif une transmission convenable et dans l'honneur, d'une génération à l'autre, de toutes les qualités génétiques d'un individu et d'une famille. Pour éviter, toute dégénérescence du sang, on s'efforçait de donner à un géniteur vaillant, une femme telle que son fils, portant le nom et le sang de l'ancêtre valeureux, fut capable de faire revivre celui-ci en sa personne. Dans les temps féodaux, on croyait à l'existence d'un sperme féminin, ou du moins, à une participation équivalente de l'homme et de la femme lors de la conception de l'enfant.

Etant un sujet sérieux, le mariage était une affaire masculine : des hommes parlaient entre eux, des pères ou bien des hommes en position paternelle, tel le seigneur du fief à propos de la veuve du vassal défunt. Souvent aussi l'intéressé s'était exprimé lui-même. Mais, il n'adressait aucune parole à celle qu'il souhaitait attirer dans sa couche ; il conversait à son sujet avec d'autres hommes. La femme était toujours considérée comme une mineure, incapable d'assumer sa propre existence. Les rapports étaient donc indirects entre les futurs époux. Il a fallu attendre le milieu du XIIe siècle, pour que l'Eglise puisse faire admettre dans la haute aristocratie que le lien conjugal se nouait par consentement mutuel : celle que l'on donnait au mariage à un autre homme, avait son mot à dire, mais le disait-elle réellement ?

Le récit de la louve démontre que même à la fin du XIIe siècle, les femmes ne se prononçaient toujours pas sur l'union projetée. En effet, Hersent déclare qu'Ysengrin l'a prise pour femme. Elle lui fut donc certainement donnée par sa famille sans qu'elle puisse dire mot. Cette absence de consentement au mariage est contraire au droit canonique qui le rendrait caduc aux yeux de l'Eglise, à moins que l'union contractée par les loups ne soit pas un mariage. Afin de le découvrir, on va s'intéresser aux termes utilisés par le trouvère de la branche I^a pour désigner l'union des loups.

Le mot employé est le terme *noce*. Les noces, en pratique, succédaient à l'accord d'épousailles conclu entre les futurs époux ou sa famille et la parentèle de sa promise. L'accord en lui-même, ou *desponsatio,* était un véritable consentement matrimonial et constituait la clef de voûte d'une union contractée selon le modèle lignager. Les noces célébraient dans les rires et les beuveries l'union des corps. Conformément à cette idée, il semble qu'il y ait eu une grande fête lors de la célébration de l'union entre Ysengrin et Hersent : la louve déclare qu'il y avait énormément de monde à cette occasion. Cette célébration est à rapprocher des noces d'Hermeline et de Poncet dans la branche I[b] intitulée *Renart teinturier, Renart jongleur* :

« *Et des autres i ot grant flote. Et Renars chantoit une note. A grant joie les noces firent ; Tyberz li cas, Belin servirent. Toutes sont plaines les cuisines de ras, de cos et de gelines ; d'autres vïandes i avoit selonc çou que cascuns devoit. Et li jougleres lor canta, qui a tous molt entalenta. Ains n'oïrent mais tel jenglois con il demainne en son englois. Apres mengier savés que firent ? Haustivement se departirent, ainc n'i remest ne bons ne mals, fors iaus, ne chevelus ne chaus ; cascuns s'en va a son repaire. Renars remest son mestier faire ; dame Hersens o l'esposee s'en est dedens la chambre entree, et a Poincet a fait son lit u cuide faire son delit.* »[25]

Les noces étaient donc une grande fête où nombre de personnes étaient conviées. Apparemment, les loups ne sont donc pas unis par les liens du mariage mais selon la pratique de la *desponsatio*. Il paraît d'ores et déjà compréhensible que si les loups ne sont pas unis selon le rite chrétien, il est évident qu'ils ne s'estiment pas liés par les devoirs inhérents au mariage. Néanmoins, on peut s'interroger sur les raisons qui ont poussé le loup a contracter une telle union qui paraît être contraire aux fondements du modèle lignager.

En effet, Ysengrin et Hersent sont deux personnes de classes sociales différentes : lui est le connétable du roi

---

[25] *Le Roman de Renart,* Branche I[c], vers 2908-2929.

Noble, un aristocrate ; et on apprend dans la branche VI intitulé *Le duel judiciaire*[26], que la louve est « *molt a en li bele borjoise* ». Ce qualificatif n'indique pas en l'espèce qu'elle est originaire d'une ville. On peut lire en effet ce vers au moment où Renart et Ysengrin s'affrontent au cours d'un duel. Le trouvère nous présente la réaction des deux épouses des combattants : chacune d'elles, Hermeline ou Hersent, prient pour la victoire du goupil. A cette occasion, Hermeline est présentée comme : « *molt estoit la dame franche* » et Hersent est qualifiée de bourgeoise. Le trouvère met en parallèle l'attitude d'Hermeline qui est louable, parce qu'elle est noble, et celle d'Hersent qui est conforme à sa position de bourgeoise.

L'union contractée par les loups serait donc une union mixte. Ce type d'union était aussi bien reconnu par l'Eglise que par les coutumes laïques, la femme étant l'égale de son mari en théorie. Le mariage d'un noble avec une femme libre non noble était possible : la femme faisait acquisition de la noblesse par le seul effet de son mariage et la conservait même durant son veuvage. La règle est attestée dès le Moyen-Âge par de nombreux textes et pratiques[27]. De surcroît, lorsque le mari appartenait à la noblesse titrée, à l'image d'Ysengrin, connétable du roi, son épouse, étant ou non de naissance noble, prenait le titre de son mari.

Bien que les unions entre personnes de condition sociale différente soient reconnues, on a du mal à comprendre les raisons pour lesquelles Ysengrin s'est uni à une femme qui lui est socialement inférieure. Dans une société fondée sur un

---

[26] *Le Roman de Renart,* Branche II, vers 1038.
[27] La règle est confirmée aussi par l'*Ancien Coutumier de Champagne* : « *Il est coustume en Champagne, se noble hons prant borgeoise que ellea autel droit et autel avantaige comme gentis femme doit avoir de panre les meubles et les dez ou de quitter les meubles et les deltes.* » La fin du texte fait allusion au préciput du conjoint noble. Comme ce préciput ne peut entrer en jeu qu'après la dissolution du mariage, la règle rapportée prouve bien que la roturière qui a épousé un noble, conserve les privilèges nobiliaires même après la mort de son mari ; cité par P. PETOT, *Histoire du droit privé français, La famille*, texte établi et annoté par C. BONTEMS, Paris, 1992, p. 299.

système lignager, cette union passe pour une mésalliance de l'époux noble. Il ne faut jamais perdre de vue la conception que l'aristocratie avait de la fonction d'une union : elle était considérée comme une association d'intérêts dont le principal objectif était de transmettre les qualités génétiques d'une famille ainsi que d'assurer la pérennité du lignage masculin. Cette transmission ne pouvait se concevoir qu'entre personnes de même rang, ayant le même sang, ou d'un rang supérieur. Ysengrin, en épousant une femme de classe inférieure à la sienne, prend le risque de dégénérer le sang de son lignage. Cette prise de risque est inexplicable eu égard aux mentalités médiévales, à moins que leur union soit fondée uniquement sur l'amour qu'éprouve le mari pour sa femme.

Il existe, dans le roman, un autre pacte d'épousailles : celui de Renart et de Fière dans la branche XI intitulé *Renart empereur*. En même temps que Renart est couronné, la lionne devient son épouse. A cette occasion, il n'y a aucun prêtre présent lors de la cérémonie. En l'absence de Bernard l'âne parti en croisade avec Noble, ce sont Grimbert et Tibert qui accomplissent les fonctions religieuses comme la bénédiction du lit nuptial. L'absence de clercs indique que l'union contractée n'est pas un mariage. Mais l'existence d'une bénédiction du lit prouve que certains rituels du mariage commençaient à pénétrer les mentalités.

2) *L'assimilation progressive du rite chrétien*

Dans la branche I^b, intitulé *Renart teinturier, Renart jongleur*, Hermeline contracte de bonne foi une nouvelle union, croyant son époux mort en disgrâce. En effet, Tibert lui a assuré que Renart était mort, pendu :

« *Mais la dame nul tort n'avoit, tout disoient que mors estoit. Tybers lor dist, se Diex le saut, que le vit levet en haut a unes forches por lui prendre.* »[28]

Hermeline pense légitimement qu'elle est veuve. Sa première union est dissoute du fait du décès de Renart et elle peut à nouveau contracter une union. On peut, néanmoins, lui reprocher son empressement à se remarier. Les veuves avaient une position privilégiée dans la société médiévale. Elles étaient considérées comme des personnes vertueuses, mais fragiles et pour cela, placées sous la protection de l'Eglise : elles pratiquaient, à l'image des religieuses, la chasteté, seul remède à la concupiscence à laquelle l'humanité a été condamnée après la faute originelle. Ces femmes montraient comment, tant par le refus que par le contrôle, faire primer l'élément spirituel sur le corporel. La veuve vivait vertueusement sa condition grâce au hasard qui avait libéré son corps de l'obligation des relations sexuelles, mais surtout, si, à partir du décès de son mari, elle savait libérer son esprit de tous désirs charnels.

A travers la figure de la veuve, s'ouvrait la possibilité de répondre aux besoins d'un groupe social de femmes seules, souvent âgées, privées de protection, facteur potentiel de déstabilisation[29]. Mais, Hermeline, visiblement encore jeune, a toutes les chances de retrouver un époux et n'est peut-être pas encore assez mûre et sage pour goûter au plaisir de la chasteté.

De plus, Renart est supposé être mort en disgrâce. Elle a tout à perdre à porter le deuil d'un homme qui a jeté l'opprobre sur lui et sur son lignage ; il vaut mieux qu'elle se remarie afin d'avoir une vie paisible et faire oublier qu'elle a été mariée avec le goupil.

On peut néanmoins avoir des doutes sur ce mariage qui laisse planer un doute sur la fidélité d'Hermeline. Le choix de son nouveau mari n'est pas anodin : il s'agit du cousin de

---

[28] *Le Roman de Renart,* Branche I^c, vers 2788-2793.
[29] A voir concernant ce sujet, les études réunies par M. PARISSE, *Veuves et veuvage dans le haut Moyen-Âge,* Paris, 1993.

Grimbert, lui-même, cousin de Renart. Poncet fait en quelque sorte partie du lignage « renardien ». Etant membres de la même parentèle, il y a de fortes suspicions que la renarde et Poncet se connaissent depuis un certain temps. Cette présomption se trouve être confirmée lorsqu'on apprend du trouvère de la branche I^b que :

« *Grant piece avoit qu'amee l'ot, mais dans Renars n'en savoit mot. Amé s'estoient molt lons tens, Renars le savra tot a tens. Autel refont, ce m'est avis, tels dames a en cest païs.* »[30]

Le trouvère donne son avis sur l'attitude des femmes de la région dans laquelle il vit et qui lui paraissent volages. La suite du récit vient confirmer le constat émis par le trouvère. Après que la reine Fière ait été abusée par Renart durant son sommeil, la lionne déclare à Grimbert son amour pour le goupil :

« *A ciest mot le brief li tent et Grimbers volentiers le prent. Et le roïne li conselle molt priveement en l'orelle que quant il sera escapés de la u il est atrapés, que il ne laist en nule guise, « Por l'amor que li ai promise, qui il a mi parler venist priveement, c'on n'aperçuist.* »[31]

En règle générale, la femme, même mariée, éveillait encore le désir des autres hommes, l'obligation de monogamie et de fidélité semblait donc irrémédiablement compromise. En fait, rien ne laissait présumer que l'épouse souhaitait une relation plus large avec son entourage masculin. Son appel en direction des autres hommes restait involontaire : sa beauté était une force attractive offerte à tous les regards. L'homme était donc toujours menacé dans son hégémonie. La femme pouvait, parce que vagabonde de nature, suivre ses instincts et aller voir d'autres hommes pour

---

[30] *Le Roman de Renart,* Branche I^c, vers 2808-2813.
[31] *Le Roman de Renart,* Branche I^b, vers 1966-1975.

les assouvir[32]. Néanmoins, en l'espèce, aucune preuve ne vient établir qu'Hermeline ait cédé à ses pulsions durant son union avec Renart. L'empressement avec lequel elle veut se remarier prouve seulement qu'elle n'était pas véritablement éprise du goupil.

L'union projetée semble être, de prime abord, de même nature que celle qui unit les deux loups ; du moins c'est ce que l'on peut déduire des paroles de Poncet :

« *Je la prendrai por tens a feme, ensi est la cose atornee, demain me sera espousee* »[33]

Apparemment, Poncet a déjà réglé l'affaire concernant le mariage avec Hermeline et il va l'épouser. Il a donc conclu l'accord d'épousailles avec la famille de la renarde, conformément à la pratique de la *desponsatio* et les noces sont prévues pour le lendemain. La noble dame est visiblement très satisfaite :

« *N'i ont plus tenu parlement, baisier s'en vont estroitement. Quant se furent entrebaisié, molt en furent joiant et lié.* »[34]

Mais Renart, de retour de chez les morts, ne l'entend pas de cette oreille et décide de saboter la cérémonie, en commençant par s'occuper du prétendant, Poncet[35]. Lorsque le goupil rencontre le couple de promis, il est à la recherche d'un jongleur :

---

[32] Concernant la perception des traits de caractères typiquement féminins, voir l'article de J. DUFOURNET, « Les relations de l'homme et de la femme dans les fabliaux : un double discours », *Femmes, mariages, lignages*, Bruxelles, 1992 ; ainsi que M. PERROT et G. DUBY, *Histoires des femmes en Occident, II. Le Moyen-Âge,* Evreux, 1991, p. 98-116.
[33] *Le Roman de Renart,* Branche I^c, vers 2859-2861.
[34] *Le Roman de Renart,* Branche I^c, vers 2800-2803.
[35] *Le Roman de Renart,* Branche I^c, vers 2807 : « *Poincés, tu en seras dolans* ».

« *Piença qu'il l'euïst espousé, s'il euïst jougleor trové.* »[36]

Visiblement, sans lui, Poncet ne peut épouser Hermeline. En réalité, ce vers contient une ellipse : il faut comprendre que l'union ne peut être célébrée que par une fête pour laquelle la présence d'un jongleur est indispensable. Renart, travesti en jongleur, leur propose son aide que Poncet accepte en lui rétorquant qu'il recherche aussi, un prêtre :

« *Certes, sire, ce dist Ponciaus, qui molt fu avenans et biaus, se vous as noce volés estre, or ne nous faut il le prestre ! Je vous donrai dou mien assés, se vous o nous venir volés.* »[37]

Le fait que Poncet recherche un prêtre jette un doute sur la nature de l'union que veulent contracter Hermeline et son prétendant ; doute confirmé par le comportement du couple qui se dirige vers une église afin de faire lire une messe, avant la célébration des noces prévues pour le lendemain :

« *La messe volons faire lire, si en alons vers le mostier ; ceste dame i voel nocïer* »[38].

En elle-même, la recherche d'un prêtre qui assisterait aux noces n'a rien de surprenant : il était possible d'obtenir une bénédiction nuptiale même en cas de *desponsatio*. Ce qui est troublant, c'est que le couple se rend dans une église avant la célébration des noces. Cette attitude ressemble au rite de la messe du mariage. Jusqu'au XVe ou XVIe siècle, l'émission du consentement des époux et la bénédiction de l'anneau avaient lieu à la porte de l'église. Les époux avec ceux qui leur faisaient cortège entraient ensuite et assistaient à la messe pendant laquelle on leur donnait la bénédiction nuptiale. On pouvait reporter à un autre jour ce complément

---

[36] *Le Roman de Renart,* Branche I^c, vers 2786-2787.
[37] *Le Roman de Renart,* Branche I^c, vers 2866-2871.
[38] *Le Roman de Renart,* Branche I^c, vers 2833-2836.

de la cérémonie. Ainsi, il est concevable qu'Hermeline et Poncet se rendent dans un premier temps à l'église pour échanger leur consentement et faire bénir l'anneau ; et que le lendemain, dans un second temps, lors des célébrations festives, un prêtre dise la messe et donne la bénédiction nuptiale.

Cette vision de la célébration du mariage est conforme aux règles posées par l'Eglise et les canonistes, qui font du consentement des époux la clef de voûte du mariage chrétien. Lorsque vers 1140, Gratien rassemble les canons et les décrétales relatifs au mariage, il se trouve confronté à une contradiction dans les textes : certains, héritages du droit romain, prônaient que le mariage se formait uniquement par l'échange des consentements ; d'autres marqués par des traditions germaniques et bibliques, faisaient de l'union charnelle, une exigence primordiale à l'existence du mariage. Gratien décida que le mariage n'était réellement formé que lorsqu'il était consommé.

Le pape Alexandre III, quelques années après, tenta à son tour de concilier les deux thèses : distinguant entre *verba in futuro* et *verba de presenti*, il affirma que le mariage se formait par le seul consentement. S'il y avait eu échange de consentements (*verba de presenti*), il y avait mariage et toute union ultérieure même suivie d'une relation charnelle est nulle, tant que subsiste le premier. Grégoire IX rendit irréfragable la présomption d'échange des consentements, posée par Alexandre III.

Or, à l'époque de la rédaction de la branche I^b, c'est-à-dire, en 1179, il n'est pas certain que la thèse défendue par Alexandre III, se soit imposée partout, dans tout le royaume. De plus, tous les trouvères de Renart sont des habitants du Nord, où la société était très marquée par les traditions germaniques dont on sait qu'elles faisaient de l'union charnelle, une exigence absolue à l'existence du mariage. Il paraît souhaitable, pour la suite du raisonnement, de s'en tenir à l'œuvre de Gratien.

Si l'on s'en tient au Décret de Gratien, le mariage n'est valable que s'il est consommé. Si l'union entre Hermeline et

Poncet constitue bien un mariage, il n'est donc pas surprenant de voir Renart, intervenir après la cérémonie et les festivités, pour éviter qu'Hermeline connaisse charnellement Poncet et rende ainsi le mariage parfait. C'est pour cela que tout de suite après la cérémonie, mais avant la nuit de noce, il fait tomber Poncet dans un piège où il reste prisonnier la nuit durant.

De toute façon, même si Alexandre III était parvenu à imposer sa thèse, le mariage d'Hermeline et de Poncet est nul du seul fait que Renart est toujours vivant ; il lui suffit de réapparaître pour que les choses rentrent dans leur ordre. En effet, la bigamie était prohibée, rendant la seconde union de la renarde nulle.

Les personnages du *Roman de Renart*, pour la plupart d'entre eux, ne semblent pas unis selon le rite chrétien. Ce constat traduit qu'à la fin du XIIe siècle, les mentalités aristocratiques étaient encore relativement imperméables au mariage chrétien ; ceux-ci continuaient à s'unir selon le modèle de la *desponsatio*. A l'inverse, il semble que les enseignements de l'Eglise en matière de mariage aient pénétré les mentalités des couches populaires où l'institution était bien ancrée. L'ambiguïté relative à la formation des unions se retrouve lors de leur dissolution : selon qu'ils soient unis dans les liens sacrés du mariage ou non, les causes d'extinction vont varier.

B. La dissolution laïcisée de l'union « renardienne »

Selon la nature sacramentelle ou lignagère d'une union, les causes d'extinction de celle-ci pouvaient varier. Le mariage étant un sacrement pour l'Eglise, cette dernière va accepter un nombre très réduit de causes de dissolution. A l'inverse, la vision lignagère de l'union admettait une plus grande souplesse.

1) *La pratique de la répudiation unilatérale*

Le mariage, en vertu de sa nature sacramentelle, est en principe indissoluble. Le mariage chrétien ne pouvait être rompu que par la mort ou extraordinairement, s'il n'avait pas été consommé, par l'entrée en religion de l'un des conjoints. Si ce principe a été énoncé très tôt par l'Eglise[39], il fut très difficile de le faire passer dans la pratique. Cette dernière avait dû composer avec des habitudes invétérées de la société laïque qui admettait à la fois le divorce par consentement mutuel et la répudiation par la volonté d'un seul. Ce fut seulement lorsque l'Eglise eût entièrement la maîtrise des affaires matrimoniales, qu'elle put faire triompher sa doctrine. Si on s'en tient uniquement au roman, il semblerait qu'à la fin du XIIe siècle, l'Eglise n'avait pas encore imposé sa doctrine dans toutes les strates de la société.

Le système de la répudiation était le moyen usuel pour dissoudre une union, dans une société fondée sur un système lignager, et cela depuis les temps carolingiens. L'Eglise dès sa création tenta de lutter contre cette pratique qu'elle jugeait trop courante ; et pendant tout le XIIe siècle, les évêques répétèrent constamment aux maris qu'ils ne devaient pas répudier les femmes. Leur insistance prouvait qu'ils n'étaient guère entendus à l'image de Renart.

En effet, le goupil n'hésite pas à congédier Hermeline, après l'avoir préalablement frappé, lors de sa nuit de noce avec Poncet. En connaissant un autre homme que lui, même si elle croyait sincèrement son époux mort, elle a commis une relation adultérine. En la frappant et en la chassant, Renart se montre, en réalité, particulièrement clément avec son épouse.

---

[39] Saint Augustin, *De adulteris conjugiis*, 1, 7 : « *Si hoc modo intelligendum est ut quicumque causa fornicationis dimiserit et aliam duxerit, non moechatur, non videtur in hac causa par forma esse mariti et uxoris, quandoquidem mulier etsi, causa fornicationis discesserit a viro et alli nupserit, moechatur ; vir autem, si eadem causa uxorem dimiserit et aliam duxerit, non moechatur.* » ; cité par P. PETOT, *Histoire du droit privé français, op. cit.*, p. 270.

A l'époque féodale, le flagrant délit d'adultère autorisait le mari à tuer sa femme sans encourir aucune sanction. Le goupil ne va pas jusqu'à de telles extrémités, il préfère la chasser du domicile conjugal[40].

La répudiation d'Hermeline est à mettre en parallèle avec un événement politique contemporain de la rédaction de la branche I[b] intitulée *Renart teinturier, Renart jongleur* : demeurait présente dans l'esprit collectif l'une des plus célèbres répudiations de l'histoire de France, celle d'Aliénor d'Aquitaine par Louis VII en 1152. Cette dernière partit avec son héritage, le duché d'Aquitaine, que son nouveau mari, Henri Plantagenêt, prit en main. En raison de ses conséquences politiques, cet événement domestique provoqua d'amples remous. On en parla beaucoup et on écrivit pendant longtemps. Il n'est donc pas surprenant de constater certaines similitudes entre les deux histoires : dans les deux cas, les protagonistes sont de la même famille ; Poncet est le cousin de Grimbert, lui-même cousin de Renart. Henri Plantagenêt était lié par d'obscurs liens de famille à Louis VII. De plus, Hermeline décide de se remarier très peu de temps après le décès présumé de son époux ; tout comme Aliénor, qui épousa Henri, seulement deux mois après son divorce. Il est évident que les trouvères ont été marqués par les déboires conjugaux du couple royal.

L'Eglise tout en condamnant cette pratique, essaya tant bien que mal, dans un premier temps, de s'en accommoder, en tentant de la contrôler. Un époux qui voulait répudier sa femme devait formuler une requête auprès de la juridiction ecclésiastique. Mais les aristocrates s'y conformaient peu et continuaient à répudier leurs épouses selon leur bon plaisir.

A la toute fin du XI[e] siècle encore, en 1091, personne ne contesta le fait que le roi Philippe Ier puisse répudier sa première épouse, Berthe de Frise, pour épouser la femme de Foulque Réchin, comte d'Anjou, Bertrade de Montfort.

---

[40] *Le Roman de Renart*, Branche I[c], vers 3042- 3045 : « *Or hors, fait-il, car par mes dens, mar entrerés ja mais chaiens, ja mais ne girés a ma coste, quant receü avés tel oste !* ».

55

Certes, ce fut une surprise mais il n'y eut aucun signe de réprobation. Tout se serait bien passé sans les partisans de la réforme grégorienne. Si le Concile d'Autun excommunie le roi de France en 1094, ce n'est ni parce que Philippe Ier a enlevé Bertrade, ni pour bigamie, et encore moins parce qu'il a répudié Berthe ; l'anathème est prononcé uniquement pour inceste. Cela peut laisser supposer que l'Eglise acceptait la répudiation de la femme par le mari. Le roi de France passa outre et continua à vivre avec sa seconde épouse. Même en 1105, lorsque Philippe et Bertrade firent pénitence pour avoir contracté cette union et jurèrent de ne plus avoir aucune relation, personne ne fut dupe. Les deux époux continuèrent de vivre ensemble. On les vit à Angers en 1106 fort bien accueillis par le comte Foulque.

De la même façon, lorsque Louis VII et Aliénor d'Aquitaine se séparèrent en 1152, le divorce ne fut accepté par l'Eglise que parce qu'on découvrit une consanguinité inopinée : les époux étaient parents au quatrième ou cinquième degré, rendant inexistant ce mariage pour cause d'inceste. On aurait donc découvert l'inceste après presque trente ans ; ceci est difficile à croire. Mais cela permit aux époux de se séparer avec la bénédiction de l'Eglise.

Ces deux faits historiques montrent l'évolution des mentalités ainsi que l'essor de l'enseignement de l'Eglise. Dans le premier cas, Philippe contenta les clercs mais passa outre leur volonté. Dans le deuxième cas, il fallut trouver une échappatoire au mariage, qui prit la forme d'un inceste inopiné, sans lequel l'Eglise aurait refusé la répudiation d'Aliénor. Est-ce que Louis VII serait passé outre le refus de l'Eglise ? On peut le penser lorsqu'on étudie son attitude lors de l'affaire de la répudiation de la femme de Raoul de Vermandois en 1148. Le sénéchal répudia son épouse Eléonore, nièce du comte Thibaud de Blois-Troyes-Champagne afin de se marier avec la sœur de la reine Aliénor, Pétronille-Adèle. L'Eglise refusa la répudiation et exigea que Raoul reprenne sa première épouse sous peine d'excommunication. Vaincu, le sénéchal céda, mais pas le roi de France qui ayant arrangé les noces entre sa belle-sœur et son officier, contesta la validité du premier mariage arguant un inceste entre Raoul et Eléonore. Ce fait fut constaté et la première union dissoute six ans plus tard.

Dans cette affaire, on voit Louis VII qui lutte contre l'Eglise pour obtenir ce qu'il veut. Il y a fort à parier que si les évêques n'avaient pas reconnu l'inceste, il serait passé outre en répudiant quand même sa femme, provoquant une crise entre le roi de France et la papauté ; ce qui ne manqua pas d'arriver à son fils Philippe-Auguste, lors de son divorce avec Ingeburge du Danemark en 1193.

La répudiation d'Hermeline sans aucune forme atteste bien que les trouvères estiment que l'accord de l'Eglise en matière de répudiation est superfétatoire, soit parce qu'elle validerait la volonté de l'époux, même s'il faut trouver une excuse pour se conformer au dogme (comme pour le divorce entre Louis VII et Aliénor) ; soit parce que l'époux passerait outre la décision prise par les évêques si celle-ci n'est pas en conformité avec sa volonté (comme pour Philippe Ier).

On voit que même si elle existait encore à la fin du XIIe siècle, cette pratique commençait à être encadrée par une Eglise en plein essor. Néanmoins, elle était encore très utilisée par l'époux pour se débarrasser de sa femme.

Dans le roman, apparaissent d'autres modes d'extinction de l'union comme le décès de l'un des époux. Ainsi, quand Hermeline croit son époux décédé, elle décide de se remarier avec Poncet. C'est aussi le cas de Renart, dans la branche XI intitulée *Renart empereur*, qui épouse la reine Fière après la mort d'Hermeline. Un autre cas de dissolution est évoqué : l'impuissance de l'un des époux.

2) *L'annulation de l'union pour impuissance*

Dans la branche I^e, Ysengrin en tombant dans un piège tendu par Renart, est mutilé et devient impuissant. Il rentre chez lui honteux, espérant que sa femme ne s'en rendra pas compte. Or, le soir venu, elle se montre très pressante d'avoir une relation sexuelle avec lui et découvre le secret de son mari, qui pour se justifier, lui déclare qu'il a prêté l'objet de toutes les convoitises à une nonne. En apprenant la nouvelle, Hersent s'émeut :

« *Sire, ce n'est pas avenant : s'elle avoit fait trente afiances, done pleges et aliances, si seroit elle tout encore. Mais alés, ne finés de corre, et si dites a la nonain, a l'ordre, a la male putain, que plus n'i demort ne n'atende, mais tost vostre coille vous rende, car s'une fois l'avoit sentie, tost en avroit sa foi mentie ains que jamais la vous rendist. Si seroit drois c'on vous pendist, quant vous baillie li avés. Bien voi que nul bien ne savés. Molt m'avés morte et mal bailie, quant elle l'a en sa baillie. Mise m'avés en grant effroi : demain m'en clamerai au roi.* »[41]

Quand il refuse d'avoir une relation avec sa femme, celle-ci entre dans une grande colère et désarroi :

« *A tant Hersens dou lit saut sus : « Filz a putain, malvais traîtres, a tant n'en serés vous pas cuites. S'il ne m'estoit por un petit, je vous trairoie hors dou lit, se Diex me laist demain veoir. » A tant s'en va a l'uis seoir, de duel conmence a souspirer et ses chevials a detirer, ses dras deront, ses puins detort, plus de cent fois huce la mort, cent fois se pasme en petit d'eure, molt se debat, molt se deveure : « Que ferai jou, lasse chaitive ? Molt me poise que je sui vive ! Or ai perdue toute joie, et la riens que jou plus amoie ! Onques n'oi plus si grant esmai ! Dolante lasse, que ferai quant j'ai receü tel anui ? Qu'ai je mais a faire de lui ? Fole est qui mais o lui se couce, qu'autant li varroit une çouce. Je ne quier mais o lui couchier n'il ne doit a moi aprochier, puis qu'il ne voet la cose faire ? Mais voist hermites devenir en aucun bos, por Dieu servir. Qui de la cose est mehaigniés, joie en pert toute, ce sachiés, et hardement, barbe, coulour ; perdue a toute sa valour.* »

---

[41] *Le Roman de Renart,* Branche I^c, vers 2687-2705.

A ciel duel qu'ele demaine, de gent fu toute la cors plaine. En la maison s'en est entree, au lit en va conme desvee. « Or sus, fait ele, dans vilains ! Alés vous ent a vous putains ! Ne sai ou fustes entrepris, mais bien en ont le gaige pris. Ensi, doit on mener celui qui sa feme a et prent l'autrui. » [...] « [Dame Hersent] les quatre piés a mis au sueil et a torné le cul au vent. C'est la coustume molt sovent ; ne prist congié a son baron, ne l'ainme mais se petit non. »[42]

On assiste dans cette scène à un fait rarissime, l'épouse claque la porte du domicile conjugal. Dans ces circonstances, qu'advenait-il de leur mariage ? L'Eglise ne se souciait peu des capacités sexuelles des époux : pour les théologiens, la vie idéale était une vie chaste, conformément aux enseignements bibliques[43] :

« *Il est bon pour l'homme de s'abstenir de la femme. Toutefois, à cause des débauches, que chaque homme ait sa femme et chaque femme son mari. Que le mari s'acquitte de son devoir envers sa femme, et pareillement sa femme envers son mari. La femme ne dispose pas de son corps mais son mari. Pareillement, le mari ne dispose pas de son corps mais sa femme. Ne vous refusez pas l'un à l'autre, si ce n'est d'un commun accord, pour un temps, afin de vaquer à la prière ; et de nouveau soyez ensemble, de peur que Satan ne profite, pour vous tenter, de votre incontinence. Ce que je dis là est une concession, et non un ordre. Je voudrais que tous les hommes fussent comme moi ; mais chacun reçoit de Dieu son don particulier, celui-ci d'une manière, celui-là de l'autre.*

Je dis toutefois aux célibataires et aux veuves qu'il leur est bon de demeurer comme moi. Mais s'ils ne peuvent se contenir, qu'ils se marient : mieux vaut se marier que de brûler. »[44]

---

[42] *Le Roman de Renart,* Branche I^c, vers 2712-2753 et 2759-2763.
[43] Voir l'article de J.-L. GAZZANIGA, « La sexualité dans le droit canonique médiéval », *Droit, Histoire et sexualité,* éd. J. POUMAREDE, J.-P. ROYER, Lille, Toulouse, 1987, p. 41-54.
[44] *Epître aux Corinthiens, 7, 1-10.*

Ce passage de saint Paul, fixe avec une grande clarté les limites de l'enseignement de l'Eglise en matière de sexualité. La virginité est préférable ; à défaut, le mariage pour ne pas brûler en enfer. Les théologiens, à l'image de saint Paul, étaient parfaitement conscients que très peu de personnes pouvaient mener une vie d'abstinence. Le mariage a été créé pour juguler et encadrer les relations sexuelles. Une fois que le mariage était noué légalement, il ne pouvait être rompu que par séparation spirituelle conjointe, ou par fornication corporelle attestée, par confession manifeste ou par conviction ouverte. Hors de ces cas, le mariage était indissoluble.

Néanmoins le droit canonique ne pouvait ignorer que, dans certaines circonstances, il était impossible de contraindre les époux à poursuivre la vie commune comme Hersent. Son mari, du fait de sa castration, ne peut plus l'honorer. Ce devoir étant l'un des deux principaux qu'il devait à sa femme, il ne peut plus respecter ses engagements. Dans une telle situation, qu'en est-il de leur union ? On a un début de réponse lorsque Hersent déclare à Hermeline, meurtrie après sa répudiation :

« Cui chaut, ce dist dame Hersens, molt sera povrez notrez sens se nous ne retrovons maris ; dont sera tous li mons falis ! Nous troverons des jovenciaus, d'uns et d'autres, de gens, de biaus, qui bien feront nos volentés. De folie vous dementés. »[45]

La louve déclare à la renarde qu'elles trouveront certainement très vite d'autres époux. Ainsi, la louve envisagerait de se remarier. A l'époque de la rédaction de la branche I[b], l'impuissance était encore une cause de divorce : rien n'empêche donc Hersent de se remarier par la suite, une fois qu'elle aura obtenu le divorce. Par la suite, Innocent III va considérer que l'impuissance est une cause de nullité du

---

[45] *Le Roman de Renart,* Branche 3082-3089.

mariage si elle est perpétuelle et antérieure à l'union. Il est évident qu'avec cette nouvelle règle, l'annulation de son mariage lui aurait été refusée, Ysengrin étant devenu impuissant pendant le mariage et non avant. Mais, le problème ne se pose sans doute pas dans la mesure où il n'est pas certain que les loups se soient mariés selon le rite chrétien.

S'ils se sont mariés selon la pratique de la *desponsatio*, nous ignorons si l'impuissance du mari était un motif de dissolution de l'union. Néanmoins, si on se base sur les motivations qui poussent à contracter une union dans la société lignagère, c'est-à-dire la procréation pour la survivance du lignage, il paraît logique que si un homme ne peut plus avoir de descendants, l'union est inutile. L'impuissance entraînerait donc la dissolution, rendant sa liberté à la femme, à l'image d'Hersent.

Ainsi, les raisons qui poussaient deux êtres à se marier ainsi que la célébration et la dissolution de leur union demeuraient fondées sur la pratique instituée par une société lignagère. Tout ce qui comptait pour l'homme était avoir une descendance. Tout convergeait dans ce but qui primait sur toutes autres considérations. Pour la réalisation de cet objectif, il ne fallait pas que l'homme soit emprisonné dans un carcan de règles. Au contraire, il lui fallait une certaine souplesse qui se traduisait par la facilité à s'unir et à se désunir à une femme. Il est vrai que la morale de l'Eglise était loin de lui donner cette facilité ; c'est pour cela que même pendant la durée de vie de l'union, cette morale était parfois écartée.

§2. Les devoirs du mariage : la marginalisation de la morale chrétienne

Quelle fut l'influence effective des enseignements distillés par l'Eglise au sein des couples ? Comment l'homme percevait celle qui lui avait été donnée ? Comment la femme vivait cette union ? Le roman permet de mettre en exergue certains traits caractéristiques des relations existants entre le mari et la femme. Il est incontestable que l'homme féodal était tout-puissant dans sa maison. Il ne faisait aucun doute non plus qu'il éprouvait une certaine affection pour la mère de ses enfants. Mais cet homme était un être solitaire, vaquant à des occupations qui l'emmenaient loin de chez lui. L'épouse, de son côté, malgré la volonté de l'Eglise, n'était pas si soumise qu'on pouvait le penser, bien au contraire.

A. La domination du « mâle féodal »

Il ne paraît pas douteux que Renart, Noble, Chantecler et surtout Ysengrin, éprouvent une grande affection pour leur épouse. Néanmoins, le plus souvent, ils ne se préoccupent pas d'elles. L'épouse n'appartenait qu'à moitié au lignage de son mari. Elle n'avait donc pas une grande importance à ses yeux, hormis dans sa fonction de procréation. Cette idée prouve par elle-même que l'homme féodal n'était pas très sensible aux commandements de saint Paul :

« *Maris, aimez vos femmes comme le Christ a aimé l'Eglise [...]. De la même façon les maris doivent aimer leurs femmes comme leurs propres corps. Aimer sa femme, c'est s'aimer soi-même.* »[46]

De surcroît nos nobles bêtes, à l'image de Renart, n'hésitent pas à bafouer le devoir de fidélité imposé par la morale chrétienne : cela paraît normal dans la société du XIIe siècle où l'institution du mariage était en marge des mentalités. A l'inverse, l'homme fidèle qui aimait trop sa campagne était quasiment mis au ban de la société car il passait pour un être vil.

---

[46] Epître aux Ephésiens, 5, 25, 28.

1) *Renart, un époux viril*

Renart passe pour le modèle d'homme prôné et adulé par la société aristocratique du XIIe siècle : c'est un homme marié avec une femme de bonne naissance qu'il respecte et dont l'infidélité maladive prouve sa grande virilité.

a) *Un unique amour...*

Renart semble aimer son épouse, Hermeline : quand elle meurt, dans la branche XI, le goupil est visiblement très affecté :

« *Molt en a a son cuer grant ire Renars quant la novele entent ; a poi que li cuers ne li fent. Molt ot grant dolor a son cuer ; Ha, Hermeline, bele suer, fait se il, que porrai je fere ? [...] Las, dit Renars, et que ferai ? Et coument m'en conforterai ? Voir, conforter ne m'en porroie.* »[47]

Mais cette affection n'est pas le signe d'un amour véritable. Pour s'en rendre compte, il suffit de voir comment il qualifie sa compagne : il l'appelle belle-sœur. Le sentiment qu'il éprouve ressemblerait plus à un amour fraternel, quasi incestueux ; ce qui n'était pas loin d'être vrai dans le milieu aristocratique du XIIe siècle, où tous ont plus ou moins des liens de parenté. Ce constat rendait difficile l'exigence canonique qui posait l'interdiction d'épouser une parente en deçà du septième degré de parenté.

La plupart du temps, le goupil exprime à l'égard de sa femme une apparente indifférence. Il ne lui manifeste aucune attention particulière, il exerce son autorité en ne montrant qu'une façade d'affection à son égard. Conformément aux idées qui circulaient à l'époque, l'époux devait donner à sa femme un amour modéré, mesuré et tempéré.

L'homme avait peur de la femme. Elle représentait l'adversaire à abattre. Les hommes vivaient la conjugalité

---

[47] *Le Roman de Renart,* Branche XVI, vers 1724-1729 et 1733-1735.

comme un combat qui requérait une vigilance assidue. On devine, tapi au plus profond de la psychologie masculine, le sentiment que la femme se situait, selon l'idée qu'on se faisait du cosmos, du côté de la nuit, de l'eau et de la lune : de tout ce qui est, en général, bleu et froid. L'époux craignait la duplicité de la partenaire qu'il affrontait dans le champ clos du lit et redoutait une trahison[48]. Cet être était à leurs yeux étrange et incompréhensible. Mieux valait s'en méfier et ne pas trop dévoiler ses sentiments de peur qu'elles puissent s'en servir contre eux.

A l'image de l'homme du XIIe siècle, Renart a donc une confiance très limitée en sa femme et en ses sentiments ; ainsi, lorsqu'il est sur le point d'être pendu dans la branche I^a, les tours et forteresses qu'il lui laisse, devront lui être retirées si elle se remarie[49]. Pour lui, il ne fait aucun doute qu'elle refera sa vie rapidement après sa mort, c'est dans la nature de la femme :

« *Car quant li hons gist en la biere, sa fame regarde par deriere s'elle voit home a son plaisir : ne puet pas son voloir taisir, quant plus regrete et vait plorant, que ni li face aucun samblant ; tout autrefel fera la moie. Jusqu'à tiers jor raura sa joie.* »[50]

Malgré son intime conviction, il lui lègue une partie de son patrimoine, se pliant aux règles juridiques, en vigueur dans la région. Grâce aux travaux de Lucien Foulet, qui a pénétré le sens des règles de droit présent dans le *Roman de Renart,* on sait que les trouvères ont pris pour sources les coutumes de Beauvaisis. Or, ce *corpus* de règles instituait au bénéfice de la veuve le douaire[51].

---

[48] G. DUBY, *Féodalité,* « *Le chevalier, la femme et le prêtre* », Paris, 1996, p. 1194-1195.
[49] *Le Roman de Renart,* I^b, vers 2015-2037.
[50] *Le Roman de Renart,* Branche I^b, vers 2022-2029
[51] Le douaire était acquis à la femme par la simple consommation de son mariage : « *Au coucher gagne la femme son douaire.* »

Dès l'époque carolingienne, sous la pression de l'Eglise à qui incombe la protection des veuves et orphelins, on a assisté aux balbutiements d'un droit du conjoint survivant : le but était qu'il puisse conserver autant que possible la place qu'il tenait dans la maison durant le mariage :

« […], *parlons des douaires pour ce qu'après ce que cil qui sont en mariage ont ordené leur testament et leur derraine volenté et ils sont trespassé de cest siecle, il est mestiers que leur fames qui demeurent esbahies et desconfortees, soient gardees que force ne leur soit fete en ce qu'eles ont acquis par la reson du mariage après le décès de leurs maris* ; […]»[52].

A compter du Xe siècle, la femme ne succédait quasiment plus en pleine propriété. Le principe était qu'elle disposait d'un droit de jouissance personnel et viager qui était soit constitué avant le mariage, soit accordé coutumièrement dans des proportions différentes suivant la qualité noble ou roturière de la veuve. Ce douaire n'était dû à la femme que si elle survivait à son mari en vertu de l'adage : « *Jamais mari ne paya douaire* » :

« *Par general coustume, la fame en porte an douaire le moitié de tout l'eritage que ses barons avoit de son droit au jour qu'il l'espousa,* […] »[53]

Renart lui lègue toutes ses tours et forteresses. Ignorant l'étendue du patrimoine du goupil, il paraît impossible de savoir si Hermeline reçoit un douaire équivalent à la moitié des biens que le goupil possédait au jour de leur mariage, conformément à la règle coutumière. Par contre, la suite des aventures du *rouquin* montre que Renart a raison de douter de sa femme. En effet, quelque temps après sa mort déclarée,

---

[52] P. de BEAUMANOIR, *Coutumes de Beauvaisis*, éd. SALMON, Paris, 1899-1900, 2 vol., § 429.
[53] P. de BEAUMANOIR, *Coutumes de Beauvaisis, op. cit.*, § 430.

elle se prépare à épouser Poncet. La nuit de noces ne peut avoir lieu car Renart s'y oppose. Après avoir corrigé le cousin de Grimbert, il rudoie Hermeline qui l'a trompé avec un autre homme. L'adultère de la femme a toujours été, en pratique, considéré comme étant plus grave que celui de l'homme : c'est à elle que revenait le devoir de faire perdurer le lignage de son mari. Il n'y avait pas de plus grande trahison s'il se révélait que l'enfant engendré n'était pas de lui. Le lignage était déshonoré à jamais. Ainsi, en insultant et en frappant sa femme, Renart use, à bon escient, du droit de correction que lui reconnaissait un grand nombre de coutumes.

La correction de l'épouse allait de concert avec son éducation, et se révélait être le signe d'un amour véritable. La femme devait l'accepter bon gré et sans indignation. Hermeline, en voyant un autre homme, n'a pas respecté l'un des devoirs fondamentaux qu'elle avait envers son mari. Seigneur dans sa maison, c'était au mari qu'était confié le soin de maintenir la discipline intérieure du ménage. Cependant, face à l'épouse fautive, l'attitude du mari ne devait pas être trop sévère ; c'est-à-dire que les coups ne devaient pas occasionner de blessures sanglantes[54]. La violence était un privilège masculin et un précieux auxiliaire du pouvoir marital. En principe, elle mettait fin au conflit conjugal : le mari fournissait la preuve concrète de sa capacité à exercer son autorité, sa supériorité devenait incontestable. Elle assurait la reddition définitive de l'épouse par la douleur et la peur qui l'obligeait à s'autocensurer. La paix conjugale n'était pas, en fait, le fruit d'un accord

---

[54] Voir par exemple, P. de BEAUMANOIR, *Coutumes de Beauvaisis, op. cit.*, § 1631 : « […] *car il loit bien a l'homme a batre sa fame sans mort et sans mehaing, quant ele le mesfest, si comme quant ele est en voie de fere folie de son cors, ou quant ele desment son mari ou maudit, ou quant ele ne veut obeïr a ses resnables commandemens que preudefame doit fere : en teus cas et en semblables est il bien mestiers qui li maris chastieres de sa fame resnablement. Mes puis qu'eles sont preudefames de leur cors, eles doivent estre deportees moult d'autres vices ; et nepourquant selonc le vice, li maris la doit chastier et reprendre en toutes les manieres qu'il verra que bon sera pour li oster de cel vice, excepté mort ou mehaing.* »

réciproque, mais d'un perpétuel rapport de force qui, en définitive, se révélait favorable au mari.

Une fois que Renart a usé de son droit de correction, il congédie sa femme. On peut penser, de prime abord, qu'une telle punition est disproportionnée par rapport à la faute commise. En réalité, Renart se montre particulièrement clément avec son épouse. A l'époque féodale, il existait un cas où le mari pouvait tuer sa femme sans encourir aucune sanction : lorsqu'il la surprenait en flagrant délit d'adultère. Le goupil ne va pas jusqu'à de telles extrémités. Il préfère la chasser du domicile:

« *Or hors, fait il, car par mes dens, mar entrerés ja mais chaiens, ja mais ne girés a ma coste, quant receü avés tel oste !* »[55]

Ainsi, Renart n'admet pas que sa femme connaisse un autre homme que lui. Cette attitude est relativement hypocrite. En effet, il punit son épouse pour un comportement qui lui est familier. Le goupil n'hésite pas à l'occasion à avoir des relations sexuelles avec d'autres femmes, même mariées, contrairement à la volonté de l'Eglise ; prouvant ainsi une nouvelle fois l'imperméabilité des esprits aristocratiques aux enseignements et autres exhortations de l'Eglise.

b) ... Mais plusieurs femmes

Renart est un mari volage. On est loin du principe de monogamie posé par les théologiens. On se rapproche plus de la vision du modèle lignager : ce qui compte pour l'homme est la souche de la femme. S'il rencontrait une fille d'Eve de meilleure naissance que son épouse, il n'hésitait pas et entretenait une relation avec elle. A leur image, Renart va avoir des relations sexuelles avec deux dames mais pas forcément dans l'optique de suivre les prescriptions imposées

---

[55] *Le Roman de Renart,* Branche I[c], vers 3042- 3045.

par le modèle lignager. Pour preuve, lorsque le goupil décide de connaître Hersent charnellement, la louve étant de plus basse naissance que le renard, la relation ne peut rien lui apporter. En fait, il cède simplement à une pulsion.

Hors de la chambre des époux, un espace privé s'étendait, où évoluaient des femmes qu'on pouvait prendre aisément, servantes, parentes, femmes encore libres ou non, bref un champ largement ouvert au débridement viril. Dans ce petit paradis fermé, les hommes jeunes et moins jeunes, étaient sans cesse soumis à la tentation. C'était la belle-sœur qui se glissait subrepticement dans le lit, ou bien la belle-mère, ou encore la future bru obsédante[56]. Les femmes étaient perçues comme perverses et pervertissant les hommes qui n'étaient que des proies, pauvres victimes de leurs manipulations. Les descendantes d'Eve étaient adeptes de la luxure. Un désir brûlant les consumait qu'elles peinaient à maîtriser. Il les conduisait droit à l'adultère comme Hersent qui s'offre à Renart :

« *Conment, fait [Hersent], sire Renars, est en dont parole creüe ? Certes, mar i sui mescreüe : Tels cuide sa honte vengier qui porace son enconbrier ; ne m'est or pas honte nel die. Ainc mais n'i pensai a folie. Mais por ce qu'il s'en est clamés, voel je des or que vous m'amés ! Si revenés sovent a mi, et je vous tenrai por ami ; or m'acolés, si me baisiés ! C'or en estes vous bien aisiés : ci n'a qui encuser vous dois !* »[57]

Les motivations qui animent le goupil lors du viol de la louve sont toutes autres. Il abuse d'elle uniquement pour bafouer Ysengrin au travers de son épouse. A ce moment-là, Renart ne cède à aucune pulsion, tout est calculé. Ce viol de la louve rappelle celui de Fière, perpétré aussi par Renart.

---

[56] G. DUBY, *Féodalité*, « Le chevalier, la femme et le prêtre », *op. cit*, p. 1214.
[57] *Le Roman de Renart,* Branche IX, vers 232-245.

Fière est l'épouse du roi Noble, qui aux dires des trouvères : « *estoit molt courtoise et bele* »[58]. Ce personnage paraît directement issu de la poésie courtoise. Orgueilleuse, élégante et belle, elle apparaît brusquement dans la branche I, au moment où Renart, accoutré en pèlerin, vient de prendre congé du roi. Comme le goupil s'éloigne, méprisant, sans saluer personne à l'exception du couple royal, elle l'interpelle aimablement. Elle lui confie, sur sa demande, l'anneau qu'elle porte au doigt et Renart, en risquant une allusion grivoise, lui assure qu'elle sera récompensée :

« *Cou sachiés, se le me donnés, bien vous sera guerredonnés : redonrai vous de mes juiaus, tant que bien varront cenz anniaus* »[59].

L'effronté ne tardera pas à tenir sa promesse. Tandis que le roi assiège Maupertuis et se désespère devant ses formidables défenses, Renart surprend la reine endormie et satisfait son désir, devant les yeux de Noble. Jeune épouse d'un vieux mari, aussi mal assortie au lion qu'Iseult au roi Marc, Fière, initiée aux règles de l'amour courtois, ne garde aucune rancune au trop entreprenant goupil.

Le comportement de Renart peut s'expliquer par certaines habitudes prises par les membres de la haute société du XIe siècle. Le code d'honneur suivi par la jeunesse n'engageait-il pas à s'emparer brutalement des femmes, à la barbe des maris ? De toute évidence, ces héros masculins que les poètes proposaient en modèle furent tant admirés, qu'ils furent imités. De plus, les rapports sont évidents entre cet exercice et la chasse qui tenait un rôle important dans l'éducation des garçons nobles. Ce rituel de rapine, pratiqué par l'aristocratie carolingienne, fut peu à peu refoulé vers la symbolique : on le retrouve réduit au XIIe siècle au jeu contrôlé qu'était l'amour courtois.

---

[58] *Le Roman de Renart,* Branche I[a], vers 1479.
[59] *Le Roman de Renart,* Branche I[a], vers 1489- 1492.

Le scénario est le suivant : un jeune homme dont l'éducation n'est pas achevée, assiège, dans l'intention de la prendre une dame ; c'est-à-dire une femme mariée, par conséquent inaccessible, imprenable, une femme entourée, protégée par les interdits les plus stricts, élevée par une société lignagère dont l'assise principale était la transmission des héritages en ligne directe, et qui, par conséquent, tenait l'adultère de l'épouse pour la pire des trahisons. Combien de vrais Lancelot, de vrais Gauvain parmi les chevaliers vivants et de vraies Guenièvre parmi les dames ? Nul ne pourra jamais le dire.

Le *Roman de Renart* a été rédigé en réaction à des pratiques et à une littérature qui faisaient l'apologie de cet art. Il n'est donc pas surprenant de découvrir Renart qui s'empare de la femme de son souverain à la barbe de ce dernier ; sauf qu'en lieu et place d'un jeu, les trouvères en font une réalité : Renart connaît Fière charnellement sous les yeux de son époux. Les similitudes entre le roman courtois et les aventures du goupil ne s'arrêtent pas ici.

Ainsi, il ne faut pas se méprendre sur les dires du goupil : quand ce dernier annonce à la louve qu'Ysengrin déclare à qui veut l'entendre que le goupil l'«*aime, ce dist, par amors*»[60] ; il faut comprendre, par le terme « amour », tout simplement le désir d'un homme et ses prouesses sexuelles. Ce genre d'amour constituait le thème des romans courtois : il est violent et irrésistible. Il porte le mâle à abattre l'une après l'autre les barrières qui se dressent devant lui pour conquérir l'objet de ses désirs, qui est d'ordinaire, en même temps que son initiatrice, une femme mariée, épouse de son seigneur, lequel est souvent son oncle. D'ailleurs dans le roman, le goupil, pour se tirer d'affaire, n'appelle-t-il pas Ysengrin par les dénominatifs d'oncle et de seigneur :

---

[60] *Le Roman de Renart,* Branche IX, vers 241.

« *Sire, çou est pechiés que si malement me menés ! Ne soiés pas si forsenés : vostre niés sui, ce est la somme [...] Oncle, or oés bone novele.* »[61]

La référence est parfois plus subtile : par exemple dans la branche I, lorsque la louve cherche à se disculper de la présomption d'adultère qui pèse sur elle, son serment ironique et satirique rappelle celui que prononce Iseult à la Blanche lande, dans le *Tristan* de Béroul, pour se disculper, elle aussi, de l'accusation d'avoir commis l'adultère avec Tristan[62] :

« *Onques puis, se Diex me doinst joie, qui m'en voet croire si m'en croie, ne fis de mon cors licherie, ne malvaistié, ne puterie, ne nesun vilain afaire c'une nonains ne peüst faire.* »[63]

Renart symbolise donc le mâle débordant de virilité au charme ravageur. Il est marié, mais cet état ne l'empêche pas d'honorer d'autres femmes quand il le désire. En réalité, Renart ne représente pas un bon époux aux yeux de l'Eglise et en cela, il ne diffère pas beaucoup des hommes du XIIe siècle. Mais il mérite le pardon car il est faillible, les femmes étant de dangereuses adversaires. Ysengrin, étant pourtant l'exact opposé du goupil, ne peut être considéré lui non plus comme un bon époux chrétien, du fait qu'il est tombé sous la coupe de sa femme.

2) *Ysengrin, un époux vil*

A la suite d'un mariage contraire à l'ordre social, à l'image du couple formé d'Ysengrin et Hersent, le mari

---

[61] *Le Roman de Renart,* Branche V[b], vers 615-638.
[62] *Tristan et Iseult,* Bibl. de la Pléiade, vers 4205-4208, p. 114 : « [...] entre mes cuisses n'est entré aucun homme, sauf le lépreux qui m'a prise en charge pour me faire traverser le gué, et le roi Marc mon époux. » Le faux lépreux ainsi nommé n'est autre que Tristan.
[63] *Le Roman de Renart,* Branche I[a], vers 173-178.

redoute souvent l'infidélité de son épouse et souffre sans raison d'une jalousie excessive qui modifie son comportement. Les appréhensions du loup vont se concrétiser : la louve va avoir une relation adultérine avec Renart, qui va de surcroît la violer devant ses yeux. Alors qu'il devrait s'inquiéter pour son honneur comme tout bon de chevalier, le loup, lui, s'inquiète pour la vie de sa femme, qui se trouve coincée dans un terrier :

> « *Mais n'a ore soing de plaidier, ains se rebrace por aidier sa feme qui va mal veüe : il li saisi devers la queue ; de tel aïr a soi la tire que Hersens est en cel martire qu'il covient par droite angoisse que li pertruis derriers li croisse ; Ysengrins ot qu'ele se vuide. Or l'aura il si com il cuide ! Un petitet s'est trais arriere : il voit bien que se la carriere n'estoit un petit alaschie, Hersent ne puet estre sachie. S'il ne l'en trait, molt iert dolans, qu'il n'est pereceus ne lens. As ses ongles, s'est pris et grate : trait la terre fors a sa pate, garde de ci et puis de la ; diauble i seront se il ne l'a ! Quant il en a assés osté et sus et jus et ou costé, vint a Hersent, un petitet saiche ; quant il la tint, si la soffache, enpaint et saiche, tire et boute, a pou la queue ne ront toute ! Mais elle estoit bien ataichie. Tant l'a enpainte et tant saichie que traite l'en a a grant painne, mais a pou ne li faut l'alainne.* »[64]

Dès lors, obsédé par la relation que la louve a entretenue avec Renart, Ysengrin envisage une action répressive contre sa femme et son amant, pour venger son honneur de mari trompé. Traditionnellement, ces deux personnes n'étaient jamais victimes de représailles communes. La violence contre la femme adultérine est un droit pour le mari. Bafoué dans son statut d'époux, le loup, comme tout homme, se sert de la violence verbale et physique pour lutter contre la désapprobation sociale en malmenant son épouse :

---

[64] *Le Roman de Renart,* Branche IX, vers 495-524.

« *Maintenant de terre se lieve, dou pié le fiert con s'il fist ivre : « Ahi ! fait il, pute chaitive, pute vils, orde et chaude d'oevre, bien as esmeü toute l'uevre ! Bien me set Renars acoupir : ne vous en poés escondir !* »[65]

L'action répressive contre l'amant prend la forme d'un dépôt de plainte pour adultère auprès de la cour du roi. Ysengrin ne peut pas engager une guerre privée contre le goupil à cause de la proclamation de la paix universelle qui a pour effet d'interdire toute forme de violences à l'intérieur du royaume[66]. Toute forme de représailles romprait la paix ; l'infraction se doublerait alors du délit particulièrement grave d'infraction à la paix, cas royal, relevant de la seule compétence du roi et de son conseil.

Le mari défend la morale sociale et a le droit pour lui ; à l'inverse, l'amant, attaché à des valeurs égoïstes, introduit la subversion dans l'espace social. Conformément au droit en vigueur, l'époux innocent pouvait traduire le coupable devant les tribunaux laïcs et la sanction était souvent rigoureuse[67]. Mais il est surprenant que le loup fonde sa plainte sur la relation adultérine de son épouse plutôt que sur son viol. En réalité, Hersent a eu, à deux reprises, une relation charnelle avec Renart. La première fois, la louve a consenti pleinement à l'acte qui se passe chez Ysengrin, en son absence, mais en présence de leurs enfants. La deuxième fois, Renart piège la louve dans un terrier et abuse d'elle devant les yeux de son mari médusé.

Dans un tel contexte, il est vrai que la plainte pour adultère a plus de chance d'aboutir qu'une requête pour violation de la paix. En effet, même si la louve a été violée la deuxième fois, elle a quand même, auparavant consenti à avoir une relation charnelle avec le goupil. De plus, le viol a été commis devant les yeux de son mari qui a mis un certain temps à réagir : son

---

[65] *Le Roman de Renart,* Branche V^c, vers 955-962.
[66] *Cf. infra.*
[67] Sur le traitement de l'adultère et ses conséquences, voir l'article de J.-M. CARBASSE « '*Currant Nudi*', *La répression de l'adultère dans le midi médiéval* », *Droit Histoire et sexualité, op. cit.*, p. 83-102.

attitude n'est guère compréhensible et les juges peuvent très bien, au lieu de lui donner gain de cause, prendre parti pour le goupil et le traiter de lâche. Dans ces circonstances, seule une plainte pour adultère paraît crédible.

A cette occasion, il convient de signaler que tous les barons présents comme le roi, lui-même, se moquent du loup :

« *Ysengrin, lassiés dou ester, vos n'i poés riens conquester a ramentevoir vostre honte. Musart sont li roy et li conte, et cil qui tienent les grans cors devienent cous hui est li jours : onques por si peu de damaige ne fisent tel duel ne tel raige. Maint le çoillent a essient, car li parlers n'en vaut nient.* »[68]

Le mari trompé était perçu comme asservi à son épouse, dévirilisé et déchu de sa prééminence. Une telle défaillance était dénoncée comme étant un effet de l'immaturité. L'homme, qui prenait femme, devait tenir son épouse bridée, sous son étroit contrôle. Néanmoins, pour apaiser le conflit naissant entre Renart et Ysengrin, le roi et la cour s'accordent à faire retomber la faute de l'adultère sur Hersent. Pour se disculper de l'accusation d'adultère, elle devra subir la peine de l'eau et du fer. Mais, Ysengrin s'oppose à ce que sa femme subisse l'ordalie au motif que si elle échoue l'épreuve, tous ceux qui ignorent sa situation de mari trompé, l'apprendront alors :

« *Se Hersens perdoit la juise, que elle fust arse ou prise, dont le saroit qui nel set mie, liés en seroit qui ne m'ainme mie. Lors diroient tout a estrous : « Hués le cous, veés le jalous ! » Miex me vient il, selonc cel plait, souffrir la honte qu'il m'a fait tant que je m'en puisse vengier ; mais ains c'on doive vendengier, cui je Renart movoir tel gerre, ne le garra ne ciel ne terre.* »[69]

---

[68] *Le Roman de Renart,* Branche Iª, vers 45-54.
[69] *Le Roman de Renart,* Branche Iª, vers 259-270.

Jusqu'à une période récente, l'adultère était une infraction où le mari souffrait, socialement, autant de la honte que son épouse. L'homme était l'unique propriétaire de sa femme sur laquelle il avait un droit d'usage exclusif. Si un autre homme avait une relation charnelle avec cette dernière, il n'était plus considéré comme un homme à part entière car il apparaissait incapable de se faire respecter dans sa maison.

Le refus du loup signifie surtout qu'il est amoureux et soumis à sa femme. Il semble chérir son épouse d'une affection presque immodérée. Une telle affection est blasphématoire dans les temps médiévaux : on considérait que le mal s'introduisait dans le couple conjugal lorsque l'homme tombait sous la coupe de sa femme. La femme devait être vassale de l'homme et vassale de Dieu ; et non l'inverse. Bon suzerain, le Créateur enjoint à Adam de gouverner Eve par la raison ; à Eve de servir Adam de bon cœur et de lui fournir l'aide.

Ysengrin n'est pas naïf : les chances de sa femme de triompher de l'épreuve de l'eau ou du fer sont minimes. Il existe peu d'exemples historiques où l'épouse se disculpait. On rencontre, cependant, un cas dans une bulle du Pape Innocent III[70] : Cunégonde, épouse de l'empereur Henri II le Saint, fut suspectée d'adultère ; elle se soumit au jugement de Dieu pour se disculper, par l'ordalie du fer rouge. Elle marcha dessus, pieds nus, sans aucun dommage[71]. Le loup ne veut pas voir souffrir son épouse. De surcroît, il n'a peut-être pas non plus une confiance absolue en son épouse qui a eu antérieurement une relation sexuelle avec Renart, même si

---

[70] *Acta sanctorum, mars I, 280.* Cité par G. DUBY dans *Le chevalier, la femme et le prêtre, op. cit.*

[71] Pour contrer les accusations d'adultère formées à son encontre, la femme n'était pas obligé de se soumettre à l'ordalie. Elle pouvait très bien s'innocenter par serment. L'exemple le plus illustre est celui de Frédégonde qui se lava de tous soupçons assistée de trois cents conjureurs et trois évêques. Pour en savoir plus sur les circonstances de cet événement, se reporter à *L'histoire des rois francs* de GREGOIRE DE TOURS, traduit du latin par J.-J.-E. ROY, Mayenne, 1990.

elle lui fut arrachée par ce dernier. Si elle tente l'épreuve, il n'est pas sûr qu'elle puisse la réussir.

Ainsi, le roman démontre que les mentalités n'ont guère changé depuis l'époque carolingienne : le modèle prescrit était toujours celui de l'homme féodal, homme viril et à la séduction dévastatrice qui considère les femmes comme des personnes utiles, mais auxiliaires qui ne doivent en aucun cas prendre le dessus sur eux. L'amour est mauvais dans un couple. Ce qui compte pour un homme est son insertion sociale et uniquement cela. On est loin d'un mari aimant sa femme comme son propre corps, prêché par les serviteurs de Dieu. Il est vrai aussi que, de leur côté, les épouses n'apparaissaient pas comme étant aussi soumises à leurs maris que le souhaitait l'Eglise.

B. L'insoumission des « filles d'Eve »

Les femmes évoluant dans le roman semblent aimer leurs époux ou du moins éprouver pour eux une affection dévote. La femme devait, selon l'Eglise, pratiquer la morale d'une épouse modèle : aimer son mari, même si elle ne l'a pas choisi, le servir avec dévouement, veiller à son bien-être matériel et moral, lui être obéissante et fidèle. Néanmoins, parfois, on ressent, de la part des épouses, une certaine réticence à rester confinées dans ce rôle d'épouse modèle. La femme étouffait dans le carcan matrimonial. Pour cette raison, certaines d'entre elles aspiraient à une certaine liberté au sein du couple.

1) Les contestations quotidiennes d'Hermeline

Hermeline pourrait passer pour un modèle d'épouse chrétienne, qui, la plupart du temps, aime et sert son époux. Par exemple, dans la branche VI intitulée *Le duel de Renart et Ysengrin*, lorsque Renart s'apprête à aller combattre le loup, celle-ci craint pour son époux et prie en croix, dans sa tanière, pour sa victoire :

« *Hermeline fu em poor, por dan Renart fu en freor, et Percehaie et Malebranche. Molt par estoit la dame franche. En crois se tint en sa taisniere ; por Renart fist digne proiere* »[72].

Au Moyen-Âge, l'époux était au centre de la vie de la femme. Il lui était recommandé d'aimer parfaitement son mari ; c'est-à-dire qu'aveuglée par son affection, elle perd son libre arbitre pour ce qui concerne les qualités substantielles de son époux, et prend plaisir à tout ce qui le touche, trouve bon et juste tout ce qu'il fait ou dit. Cela apparaît clairement dans la branche I[b] lorsque Hersent lui apprend qu'elle a eu une relation avec Renart. En apprenant la nouvelle, Hermeline devient folle de rage ; mais la colère n'est pas dirigée contre son mari qui passe à ses yeux pour une victime, mais contre la louve qu'elle rend responsable de la faute du renard :

« *Dame Hermeline ot la parole, respont li conme fole. Jalouse fu et enflanmee que ses sires l'avoit amee et dist : « Ne fu ce puterie et malvaistié et licherie ?* »[73]

Aimer son mari se traduisait par l'obligation d'une soumission volontaire de la part de l'épouse qui devait lui manifester une obéissance muette et totale[74]. La dame de

---

[72] *Le Roman de Renart,* Branche II, vers 1023-1027.
[73] *Le Roman de Renart,* Branche I[c], vers 3112- 3117.
[74] Dans un premier temps, saint Paul estime qu'il y a une similitude entre les devoirs respectifs de l'homme et de la femme. Cette égalité résulte de plusieurs passages du chapitre 7 de l'épître aux Corinthiens ; 3 : « *que le mari s'acquitte de son devoir envers sa femme, et pareillement la femme envers son mari.* » 4 : « *La femme ne dispose pas de son corps, mais le mari. Pareillement, le mari ne dispose pas de son corps, mais la femme.* » 16 : « *Et que sais-tu, femme, si tu sauveras ton mari ? Et que sais-tu, mari, si tu sauveras ta femme.* » Mais par la suite, il reconnaît à l'homme marié la qualité de chef de sa femme. Par voie de conséquence, la femme doit être soumise à l'homme ; c'est ce que les canonistes déduisent traditionnellement de : Épître aux Corinthiens, 11, 3 ; Épître aux Colossiens, 3, 18 ; Épître aux Ephésiens, 5, 22-24.

Maupertuis en est un exemple : très respectueuse de son mari, elle lui est totalement soumise et le craint. Ainsi, dans la branche I intitulée *Le jugement de Renart*, le goupil revenant en son château, la noble dame vient à sa rencontre comme un serf devant son seigneur. Quand le maître revient, fourbu, sanglant parfois des blessures qu'il a reçues au cours de ses équipées, elle le soigne plus adroitement qu'un médecin en le baignant et en le faisant saigner[75]. De plus, il faut voir avec quel empressement, elle porte secours à son époux lorsque sa vie est en danger :

> « [Renart] *fust pendus, qui que s'em plaigne, quant li rois garde aval la plaigne et vit une grant chevalchie u mainte dame avoit irie : ce fu la feme dan Renart qui vint poignant tout un essart et molt venoit hastivement ; merveilleus duel aloit menant si troi fil pas ne s'atardoient, car avoec li grant duel menoient. Lor puins detordent et detirent, lor cheviaus et lor dras deschirent ; tel noise font et tel criee c'on les oïst d'une liwee. Un soumier tout carchié d'avoir amainement por Renart avoir ainsçois qu'il ait dit sa confesse, ont il desrompue la presse et vinrent par si grant desroi que cheü sont as piés le roi. La dame s'est tant avancie que tout devant s'i lancie : « Sire, merci de mon Signour, Por Dieu le pere creatour ! Je vous donrai tout cel avoir se de lui volés merci avoir. »*
>
> *Li roi coisi le grant tresor des grans deniers d'argent et d'or ; del avoir fu molt convoitous.* »[76]

Pour apporter une justification supplémentaire à son raisonnement l'apôtre ajoute : « *l'origine de tout homme, c'est le Christ et l'origine de la femme, c'est l'homme* » et « *ce n'est pas l'homme, en effet, qui a été tiré de la femme, mais la femme de l'homme ; et ce n'est pas l'homme bien sûr qui a été créé pour la femme, mais la femme pour l'homme.* » (Epître aux Corinthiens, 11, 7-9).

[75] *Le Roman de Renart*, Branche I[a], vers 1651-1654 : « *La dame l'a bien fait baignier et puis ventouser et saignier, tant qu'il refu en la santé ou il avoit devant este.* »

[76] *Le Roman de Renart*, Branche I[b], vers 2056-2084.

Si son aide est touchante et louable, on peut quand même s'interroger sur la validité juridique d'un tel acte : elle apporte au roi une forte somme d'argent pour racheter la vie de son époux. Au XIIe siècle, l'épouse était jugée incapable de signer des contrats, de gérer l'argent du mari, ou de prendre une décision ayant trait au patrimoine[77] : elle se trouvait dans un état d'incapacité juridique ; c'est-à-dire qu'elle ne pouvait ni plaider seule[78], ni contracter sans l'aval de son mari[79]. Néanmoins, sa capacité n'avait pas disparu pour autant : elle en gardait la jouissance pendant la durée de l'union. Il était admis qu'en présence de situations exceptionnelles, l'épouse, parce que la vie de la maison doit se poursuivre même en l'absence du mari, retrouvait sa pleine capacité juridique.

Dans la branche I^a, Renart a été capturé et il est sur le point d'être exécuté. Le château est donc en crise. L'urgence implique une réaction immédiate de la part des proches du renard. On peut légitimement penser que la crise qui secoue Maupertuis est assez grave pour que la renarde retrouve sa liberté d'action. Or, Beaumanoir donne le droit exceptionnel d'agir à la femme si son mari est en terre étrangère, en fuite, banni ou emprisonné sans espérance de revenir :

« *En aucun cas seroit la fame tenue de respondre de sa deterie ou sa plegerie ou tans son baron : si somme se ses*

---

[77] P. OURLIAC et J. de MALAFOSSE, *Histoire du droit privé*, t. 3, *Le droit familial*, Paris, 1968, p. 131 et 132 : *Le droit féodal n'est pas forcément hostile à la femme. Celle-ci peut hériter d'un fief et exerce tous les droits qui y sont attachés. En droit privé, la femme est toujours dans une semi-dépendance, mais les traditions sont fort variables d'une région à l'autre.*

[78] En cas de duel judiciaire, la femme doit avoir un « champion » qui combatte pour elle, *Coutumes de Beauvaisis*, § 1813 ; et celui-ci est normalement son mari. S'il s'y refuse, la femme peut se défendre par un autre champion.

[79] Qu'il s'agisse d'un aveu, d'un simple fait ou d'un contrat, le foyer ne sera tenu que si le mari a donné son agrément, *Coutumes de Beauvaisis*, § 1330 : « *Fame qui est en mariage ne puet plegier ne dete fere, et ele le fet, ses barons n'i est de riens tenus.* »

barons est fous ou hors du sens, si qu'il est aperte chose qu'il ne semelle de riens et qua la fame fet et mainburnist toutes les choses qui a aus apartienent ; ou se la fame est marcheande d'aucune marcheandise dont ses barons ne set meller, laquele marcheandise li barons li lesse demener pour leur commun pourfit ; ou se li barons est en estranges terres, fuitis ou banis ou emprisonnés, sans esperance de revenir ; car autrement seroient mout de bonnes gens honnies qui baillent le leur a tele maniere de fames, et eles meismes en perdroient leur chevissance. »[80]

    Renart, capturé par le roi, n'a aucune chance de revenir en son château, sain et sauf. En effet, le goupil a bafoué l'autorité royale en ne respectant pas la sentence du tribunal : il a été condamné à mort. Cette peine est commuée, après les suppliques de Grimbert, en pèlerinage expiatoire. N'ayant pas accompli ses pérégrinations, la première peine prononcée doit être appliquée. Ainsi, Renart, sur le point d'être exécuté, n'a aucune chance de revenir en vie auprès de ses proches. Dans ces circonstances, Hermeline retrouve sa pleine capacité juridique et décide, pour sauver son époux, de racheter sa vie en apportant une rançon.

    L'attitude de la renarde peut aussi matérialiser une manifestation de la solidarité familiale. Certes, la femme ne fait qu'à moitié partie du lignage de son mari mais elle en est un des membres. A l'accoutumée, c'est toujours le cousin de Renart, Grimbert le blaireau, qui vient au secours du goupil ; mais lors du siège de Maupertuis et de la capture du renard, Grimbert est paralysé par ses devoirs de vassaux que les trouvères font primer sur les devoirs inhérents au lignage[81]. Seule la famille proche de Renart peut donc agir, c'est-à-dire, principalement sa femme ; et qui mieux qu'une épouse aimante peut infléchir un bon roi ?

    La réaction d'Hermeline est conforme à l'idée qu'on se faisait des interventions féminines au Moyen-Âge. Quand ces

---

[80] P. de BEAUMANOIR, *Coutumes de Beauvaisis, op. cit.*, § 1336.
[81] *Cf. infra.*

dernières étaient amenées à intervenir dans un conflit, elles avaient une fonction pacificatrice. Cependant, lorsqu'elles séparaient les belligérants, elles le faisaient plus par la parole que par les gestes[82], à l'image d'Hermeline venant réclamer la vie de son mari :

> « *La dame s'est tant avancie que tout devant s'i lancie : Sire, merci de mon Signour, por Dieu le pere creatour ! Je vous donrai tout cel avoir se de lui volés merci avoir.* [...] *Sire, por Dieu en cui tu crois, pardonés li a ceste fois !* [...] *Sire, fait-elle, et je l'otroi : ja ne sera requis par moi !* »[83]

Hermeline pourrait passer pour une excellente épouse chrétienne : elle s'efface derrière son époux, lui est soumise, le respecte, l'aide en cas d'urgence. Mais malgré tout, la renarde n'entend pas se laisser faire quand elle estime que son mari a tort.

Tout au long du roman, Renart passe la plupart de son temps loin des siens. Dans la pratique, c'est Hermeline qui s'occupe de la maisonnée. La description qui nous est faite dans le roman est conforme à la réalité médiévale : la maison représentait l'espace féminin par excellence. La bonne épouse était celle qui restait à la maison et s'en occupait. L'opposition entre un espace intérieur, clos, dans lequel évoluait la femme, et un espace extérieur, ouvert, où l'homme vaquait librement à ses occupations, prenait tout son sens dans l'opposition entre les deux activités économiques fondamentales : la production, tâche du mâle, et la conservation, typiquement féminine.

La plupart du temps, tout se passe bien, chacun ayant sa sphère d'activité sans que se produisent des interférences. Les choses sont différentes lorsque le goupil séjourne un peu trop longuement à Maupertuis. En effet, il ne semble pas qu'il ait une grande activité; même quand il sort, il ramène rarement

---

[82] Sur le rôle des femmes dans le règlement des conflits, consulter l'ouvrage de C. GAUVARD, *« De grace especial », Crime, Etat et Société en France à la fin du Moyen-Âge*, t. 1, Paris, 1991, p. 340-346.
[83] *Le Roman de Renart,* Branche I[b], vers 2076-2103.

de la nourriture qui aiderait pourtant à nourrir sa famille affamée :

« *Que Renars estoit a sejour a Malpertuis sa forteresce. Mais molt estoit en grant destresce car de garison n'avoit point : sa maisnie ert en si mal point que de fain crioit durement ; sa feme Hermeline ensement, qui estoit de novel ençainte estoit si fort de mal atainte qu'il ne se savoit consillier.* »[84]

Le plus souvent, Hermeline s'accommode de la situation ; mais il lui arrive quelques fois de s'énerver devant le comportement de son mari, qui rentrent bredouille ou blessé et passe son temps à se faire plaindre. C'est ce qu'il fait une fois de plus, dans la branche IX, à son retour de chez Liétard :

« *Sire, fait elle, dites donques, qui çou vous a fait, et conment ? Dites, que je le vous conmant ! Molt par estés despelechiés ! La verité en desliciés con vous estes si descirés.* » *Renars, qui molt estoit irés, a respondu en soupirant :* « *Or m'ira ma force empirant, Hermeline, ma douce amie, et por çou ne lairai je mie, por dolor ne por foibleté, quevous n'oiés la vérité coment ai esté asallis et coment ai esté ballis, conment ai por bien mal trové.* »[85]

Mais à la surprise générale, la renarde semble peu compatissante avec son époux ; tout en le réconfortant, elle n'hésite pas à relativiser son état de santé :

« *Lassiés estes, dist Ermeline, ne soiés pas si esmoiés ! Ja n'estés vous gaires plaiés. Or vous deüssiés deporter et de ce mal reconforter, que vous estes en esperance de prendre haustive venjance. S'un poi vous volliés pener, la charrue en poriés mener, despecier et ou bos reponre : le vilain porois si confonre petit et petit toutes voies ; u vous li emblés ses*

---

[84] *Le Roman de Renart,* Branche XVII, vers 20-29.
[85] *Le Roman de Renart,* Branche XII, vers 1419-1434.

coroies. Tot ensi le poriés grever, que de duel le feriés crever, le vilain felon deputaire. Ja ne deüssiés tel duel faire, ce vous deüst tot desdoloir, que vous, selonc vostre pooir, en esclairirés vostre cuer. »[86]

Ces quelques mots montrent un changement d'attitude d'Hermeline qui va se transformer en un début de rébellion par la suite. Timer, l'âne de Liétard, pour aider son maître, feint le mort aux portes de Maupertuis dans le but de piéger Renart. Hermeline, voyant l'aubaine d'obtenir de la nourriture pour longtemps, veut tirer l'âne à l'aide de courroie dans les mûrs de la citadelle. Renart le lui déconseille car il lui semble reconnaître une duperie ; mais la renarde ne veut pas suivre les conseils de son époux et se rebelle contre lui :

« *Renars, fait elle, or es mauvais, que por le corroies ne vais. Il est mors, jel te di sans faille ; as tu poor que il t'asaille ? Tu criens por fin noent et dotez.* [...] « *Renars, fait elle, or i parra que tu le feras conparer ! Tu en ses plus que bues d'erer, mais onques dans Couars li lievrez, cui de poor prisent les fievres, ne fu si de paor destrois con tu iés ore a ceste fois, qui doutes une morte beste !* »[87]

En refusant de suivre les mises en garde de son époux, la renarde tombe dans le piège tendu par Timer, qui l'entraîne dans sa course. Renart, se sentant impuissant, sombre dans un profond mutisme[88]. Mais quand il la voit revenir, saine et sauve et traînant la patte de l'âne, il éprouve certainement un immense soulagement et une immense fierté qu'il ne formalise pas. C'est à l'homme d'être vaillant, pas à la femme qui est trop fragile pour se défendre toute seule. Hermeline, en se sortant du piège tendu par Timer, prouve l'inverse.

---

[86] *Le Roman de Renart*, Branche XII, vers 1485-1502.
[87] *Le Roman de Renart*, Branche XII, vers 1668-1674 et 1769-1776.
[88] *Le Roman de Renart*, Branche XII, vers 1630- 1919 : « *Qui molt estoit et mate et mue.* »

Une telle situation est contraire à l'ordre des choses, imaginée par l'Eglise, qui place la femme sous la domination de l'homme. Dieu, qui par essence est parfait, a créé l'homme à son image. Reflet de la divinité, l'homme ne peut prétendre à la perfection qui est le propre du Tout-Puissant. Il est donc, par nature, imparfait. Eve, chair de la chair d'Adam, n'est que le reflet second de la divinité. Issue de l'homme, l'imperfection de celui-ci se trouve accentuée chez la femme du fait qu'elle est elle-même le reflet d'une imperfection. Comment l'image imparfaite d'une imperfection initiale peut sortir victorieuse d'une épreuve dans laquelle échouerait le reflet premier ? Une telle hypothèse est contraire à l'ordre naturel.

Hermeline, en s'échappant du piège tendu par Timer, alors que Renart refuse de la secourir, se sachant incapable, commet un acte proche du blasphème. L'idéal masculin est en instance d'être perverti par l'action de l'épouse qui tente de s'imposer dans le cadre du mariage. Renart va donc tenter de trouver une explication « logique » au succès de la renarde, pour essayer de reprendre l'initiative au sein du couple, avant que le pire n'advienne : si son épouse a pu s'échapper, ce n'est pas parce qu'elle est son égale mais parce qu'elle a reçu l'aide du Créateur, sans qui elle aurait été perdue :

« *Tele aventure est avenue, fait Renars, qui nus ne cuidoit : ne oisiaus ne beste ne doit con te fais, ne tel guerredon damredieu de si large don, de çou qu'il t'a si garantie.* »[89]

On voit donc que les femmes du XIIe siècle, dans l'aristocratie, étaient certes dociles, mais pas soumises. C'étaient elles les véritables seigneurs de la maisonnée et non les hommes qui s'absentaient souvent de chez eux. De ce fait, elles s'occupaient au quotidien des affaires et montraient qu'elles étaient aussi capables que leur mari. Les trouvères

---

[89] *Le Roman de Renart,* Branche XII, vers 1887 à 1892.

expliquent que la femme pouvait très bien critiquer le comportement de son mari dans l'alcôve du foyer sans que ce dernier ne hausse le ton : le dialogue était permis et l'homme ne se sentait pas offensé pour autant, tant qu'elle ne sortait pas trop de son rôle et qu'aucune publicité n'était donnée au dialogue. Mais la mesure et la tempérance n'étant pas les caractéristiques premières d'Hersent, celle-ci va littéralement se révolter contre son époux, libérée par son adultère.

2) *La rébellion d'Hersent*

Hersent et Ysengrin ont contracté une union contraire à l'ordre social : lui un aristocrate, elle, une bourgeoise. Le loup avait une position sociale privilégiée mais il souhaitait acquérir par le mariage une stabilité sociale. Au XIIe siècle, les jeunes ne connaissaient ni la stabilité ni la durée dans leurs rapports avec les représentantes du sexe opposé. C'étaient des individus en attente, dont la relation était ouverte. Le mariage mettait un terme à leur attente et réglait leurs rapports sociaux. La femme n'apparaissait donc que comme un auxiliaire indispensable.

Conformément aux pratiques matrimoniales lignagères, le loup a choisi une belle femme, libérant ses désirs sexuels et flattant son orgueil. Il s'agissait donc d'un choix égoïste de la part de l'homme qui traitait une affaire sans se soucier de l'individualité de l'autre. Après la célébration du mariage, la femme ne servait qu'à la procréation. Mais celle-ci pouvait refuser ce système qui consistait en l'effacement de soi-même, offrant à l'époux une image narcissique de lui-même. Elle pouvait tenter de s'imposer dans le cadre du mariage, en utilisant les seules armes qu'elle avait à sa disposition, c'est-à-dire le sexe combiné à l'adultère. C'était, alors, la revanche d'un pouvoir naturel, la sexualité, sur un pouvoir social, l'autorité maritale, en faveur de la femme dont les capacités sexuelles étaient considérées comme étant plus importantes que celles de l'homme.

La relation adultérine qu'Hersent entretient avec le goupil lui permet de se libérer un peu du carcan matrimonial et de s'affranchir un peu plus de l'autorité maritale. Comment expliquer le fait qu'elle ait une relation extra-conjugale ?

La femme ne se trouvait qu'en partie satisfaite dans l'univers conjugal. L'adultère apportait à la femme une compensation à sa vie quotidienne, elle y trouvait un espace favorable à l'expression d'elle-même. A côté des contraintes matrimoniales, l'adultère permettait à la femme d'instituer de nouveaux rapports avec son partenaire. La femme s'exprimait dans l'adultère en tant que personne individualisée et non de conjointe de son mari. Elle retrouvait une liberté d'action que le mariage avait réduite à néant. L'épouse investissait son affectivité et sa sexualité dans l'adultère : c'était le triomphe d'une morale du plaisir, donc de l'individualisme, face à la morale conjugale essentiellement d'essence collective.

Dans le *Roman de Renart* et conformément aux fabliaux, la commission de l'adultère se fait en un trait de temps : les préambules amoureux sont succincts et la conclusion rapide. La louve donne son accord au rapport, profitant d'une absence du mari et la relation adultérine se traduit en un acte sexuel brutal et rapide :

« *Renars en demainne grant joie et va avant, si l'a baisie ; Hersens a la cuisse haucie, qui molt amoit itel ator. Puis s'est Renars mis au retor, qui n'a cure de tel bargaigne : il crient que Ysengrins ne viegne, mais nonporquant, ains qu'il s'en isse va as loviaus, si les conpisse, si con il erent arengié.* »[90]

Si l'adultère est le premier pas vers une relative liberté, celle-ci va se concrétiser par la suite, lorsque dans la branche I[b,] Ysengrin, piégé par Renart perd un de ses testicules. Dans l'intimité de la chambre, la louve rappelle son époux à ses devoirs conjugaux. Ce fait paraît déjà étonnant par lui-même. Généralement, le mari et la femme ne partageaient pas la même couche. Les époux étaient sans relâche conviés à se contenir, menacés s'ils se montraient négligents, d'engendrer

---

[90] *Le Roman de Renart,* Branche IX, vers 246-255.

des monstres. Il leur fallait rester écartés l'un de l'autre durant le jour mais aussi durant les nuits qui précédaient les dimanches et les jours de fêtes, en raison des solennités ; les mercredis et les vendredis, en raison de la pénitence ; et puis tout au long des trois carêmes, trois périodes de quarante jours avant Pâques, la Sainte-Croix de septembre et Noël. Cela explique les dires du loup :

« *Laissiés me ester, non ferai mie ! Or deuïssiés estre endormie et avoir dit la patrenostre, car vigile*[91] *est de saint apostre.* »[92]

Le mari ne devait pas non plus s'approcher de sa femme pendant les menstruations, ni trois mois avant qu'elle n'accouche, ni quarante jours après. Pour qu'ils apprennent à se contrôler, il était demandé aux jeunes mariés de rester purs les trois nuits qui suivent leurs noces. Enfin, le couple idéal était celui, qui, par décision commune, s'astreignait à la chasteté totale[93].

Le devoir conjugal et la fidélité étaient les deux seuls devoirs que l'homme devait nécessairement à sa femme, selon les préceptes de l'Eglise ; et Hersent se montre intransigeante avec l'accomplissement de ce devoir. Cette attitude démontre que la sexualité féminine était considérée comme exigeante, débridée, instinctive, indomptable. Hersent sollicite de son époux la satisfaction de ses désirs ; mais elle cherche, avant tout, à combler son appétit sexuel sans encourir sa désapprobation. Elle dissimule sa nature profonde pour donner d'elle-même l'image d'une chaste personne. L'épouse cherche à libérer ses désirs dans toute leur puissance. Les pulsions féminines étaient présentées comme de dangereux instincts : elles ne peuvent trouver satisfaction sans le consentement du mari qui se trouve contraint de

---

[91] Dans la liturgie catholique, on appelle Vigile la partie de la liturgie célébrée la veille d'une fête importante ; pour les laïcs, la célébration de la Vigile est accompagnée d'interdits d'ordre alimentaire ou sexuel.
[92] *Le Roman de Renart,* Branche I^c, vers 2666-2669.
[93] G. DUBY, *Le chevalier, la femme et le prêtre, op. cit.,* p. 1181.

provoquer la relation sexuelle. Si bien que l'homme finissait par se trouver prisonnier d'une relation où les forces sexuelles de la femme se libéraient. Le mari, épuisé par sa seule femme, était forcé d'avouer son infériorité. Ce qu'Ysengrin est contraint de faire : ne pouvant honorer sa femme, il abandonne la partie, se tait et laisse partir sa femme, qui a gagné sa liberté, du moins pour un temps.

Malgré les efforts de l'Eglise qui a tenté de moraliser le comportement des couples aristocratiques, il semblerait qu'à la fin du XIIe siècle, ses tentatives furent en partie vaines. La fréquence des répudiations en est une preuve. Les épouses n'étaient pas en reste. Elles étaient certes dociles avec un mari qu'on leur avait la plupart du temps imposé mais certainement pas aussi soumises que l'Eglise aurait souhaité : comment le pouvaient-elles, puisqu'elles savaient qu'elles n'étaient qu'un moyen d'assurer la continuité du lignage de leur conjoint, auquel elles n'appartenaient peut-être que pour un temps déterminé ; jusqu'à ce qu'il trouve une postulante de meilleure souche. On ne peut que constater une certaine marginalisation de la morale chrétienne dans les mentalités aristocratiques dont le concept idéal demeurait le modèle lignager, structure névralgique de la société du XIIe siècle.

II. Le lignage, moteur de la société

Aux XIe et XIIe siècles, dans l'aristocratie et donc dans la société animale évoluant dans les récits de Renart, les structures de parenté se resserraient autour d'une terre ou d'un commandement pour maintenir la cohésion du patrimoine familial que mettaient en péril l'essor démographique et l'hérédité. La noblesse tendait à s'articuler autour d'une ligne, unique, le plus souvent masculine, appelée encore lignage, ordonné à partir d'un chef naturel, l'ancien. Ce modèle lignager était connu aussi bien dans le Nord que dans le Midi.

Le concept de lignage est très présent dans le *Roman de Renart*. Même si en pratique, il n'apparaît pas toujours directement, il sert de toile de fond aux intrigues ainsi qu'à l'évolution de l'histoire. C'est tout d'abord les nombreuses références à la parentèle du connétable Ysengrin, le loup :

« *Et tout cil de son parenté li ont pluvi et creanté que ja ne seront recreant devant qu'il ait tot son creant. Ice jurent atot le mains, bien les a toz entre ses mains.* »[94]

C'est aussi le long cortège funéraire de dame Chauve, la souris, venant avec toute sa famille, porter plainte auprès du roi pour le meurtre de son époux, le rat Pelé, perpétré par Renart :

« *Torner se volt Renars arriere, quant li rois garde en la quariere et vit venir toute une adrece une biere chevalereche : cou estoit li chauve soris que Pelés li ras ses maris, que dans Renars ot estranlé quant desous lui l'ot enanglé. En la compaignie dame Chauve estoit sa suer dame Fauve : dis furent que frere que serour. Au roy vinrent tout a clamor que fil que fillez bien quarante, d'autre parens plus de soixante.* »[95]

Mais c'est surtout l'histoire de la parentèle décimée de Pinte, vivant dans le courtil appartenant à Constant des Noes, ainsi que les nombreuses aides récurrentes des lignagers de Renart.

§1. Le lignage de Pinte, une parentèle de qualité

La famille de Pinte a été réduite à néant par Renart. Cet événement tragique a causé d'étranges conséquences bénéfiques. En effet, l'acharnement avec lequel le goupil a tué un à un les membres de ce lignage a permis à Pinte et à sa sœur Coupée, d'obtenir des dons extraordinaires dont le plus

---

[94] *Le Roman de Renart*, Branche V^c, vers 1786-1791.
[95] *Le Roman de Renart*, Branche I^b, vers 2124-2137.

important, celui de guérison, va se révéler avec le décès de l'une d'elles.

A. Le courtil de Constant des Noes : un lignage décimé

Constant des Noes est un riche paysan qui a sous ses ordres plusieurs personnes qui semblent exceller dans leurs tâches et possède une ferme riche en vivres de toute sorte :

« *Planteïve estoit sa maisons de gelines et de chapons bien avoit garni son ostel. Assés i avoit vin et el char salee et bleit et fliches : de bien estoit li vilains riches. Molt par estoit bien herbergiés et molt est richees ses vergiés assés i ot bones cherises et pluisors fruis de maintes guises : Pumes i ot et autre fruit.* »[96]

Ce « riche vilain » est aussi l'heureux propriétaire d'un enclos où vit le lignage de Pinte, la poule. Cette dernière a épousé un jeune coq, prénommé Chantecler, chevalier et baron du royaume sur lequel règne Noble. Nous savons relativement peu de choses sur l'historique de la famille de la noble poule à l'exception de la tirade plaintive que cette dernière, avec l'aide de sa parentèle, lance à Noble le lion :

« *Por Dieu, font elles, gens honestes, et chien et leu et toutes bestes, car consilliés ceste chaitive. Molt hac l'eure que je sui vive. Cinc freres oc de par mon pere : tos les mainga Renars li leres. Ce fu grans perte et grans dolours. De par ma mere oc cinc serous, jones pouillettes et meschines ; molt i euïst beles gelines. Gerars dou Frasne les passoit, qui por ponre les nourissoit. Li las mar les encrassa, c'onques Renars ne l'en laissa de toutes cinc nes une seule : tous passerent par sa geule, et vous, qui la gisiés em biere, ma douce suer, m'amie chiere, con vous estiés et tenre et*

---

[96] *Le Roman de Renart,* Branche VII[a], vers 33-43.

crasse ! Qui fera vostre suer, la lasse, qui a grant dolour vous regarde ? »[97]

On peut déduire de ces quelques vers, que Pinte a eu en réalité cinq frères et six sœurs unis par des liens différents à la poule. On apprend aussi que ses frères sont issus de son père, et ses sœurs de sa mère. Ces enfants sont donc nés de deux lits différents : celui du père et celui de la mère. Ce phénomène était relativement courant au XIIe siècle : malgré les multiples condamnations récurrentes de l'Eglise au sujet des répudiations unilatérales et des remariages, ces pratiques étaient encore très présentes au XIIe siècle[98]. Elles pouvaient s'expliquer par le fait que l'institution matrimoniale a été reléguée pendant très longtemps sur les marges de la sacralité, à l'inverse du baptême, de l'eucharistie et de la pénitence pour lesquels la réflexion théologique fut intense. L'Eglise n'a commencé à s'intéresser au mariage que très tardivement[99].

Il n'est donc pas étonnant de constater que les trouvères font une description d'une famille « recomposée » : c'est-à-dire que le père et la mère ont déjà été mariés et ont eu des enfants, chacun de leur côté. Puis se remariant ensemble, ils emmènent avec eux leurs progénitures. Le problème du

---

[97] *Le Roman de Renart,* Branche I[a], vers 316-336.
[98] Il faut voir avec quelle ténacité l'Eglise, en la personne de l'évêque Yves de Chartres, s'opposa au remariage du roi Philippe Ier avec Bertrade de Montfort. Ce dernier avait répudié, sa première femme, Berthe de Frise, en 1092 qu'il cloîtra dans le château de Montreuil-sur-Mer, où elle mourut en 1094. Presque aussitôt, il ravît l'épouse du comte d'Anjou, Foulque Réchin à laquelle il s'unît, malgré les mises en garde de l'évêque de Chartres. Aussitôt, une assemblée d'évêques se réunît à Autun et prononça l'excommunication du roi pour inceste. Ce dernier fut réintégré dans la communauté chrétienne qu'en 1105, prétextant tout comme son épouse, qu'ils n'auraient plus aucune relation l'un avec l'autre. Malgré leurs engagements, le couple continua à vivre ensemble et on les vît à Angers en 1106, fort bien accueillis par le comte Foulque Réchin.
[99] On doit les premières règles importantes relatives à l'institution matrimoniale à Yves de Chartres lui-même, dans son Décret qui datent des années 1093-1094.

remariage ne se posant évidemment pas en présence d'un double veuvage.

Dès lors, on peut déjà tirer une première constatation de la plainte de Pinte : ses cinq frères et ses cinq sœurs n'étant pas nés de l'union entre son père et sa mère, seules Pinte et Coupée sont des enfants légitimes ; les autres ne sont que des pièces rapportées du lignage de la noble poule. Elle les appelle cependant ses frères et ses sœurs au même titre que Coupée. Dans les temps médiévaux, on ne faisait pas véritablement de différence entre les enfants légitimes et les autres. D'autant, qu'en l'espèce, les frères et sœurs de Coupée, ont certainement été conçus dans les liens du mariage légitime de chacun des ascendants de Pinte. Mais, malgré cela, ils ne font pas totalement partie du lignage « *Pintain* », du fait qu'ils ne sont pas issus des mêmes ancêtres communs.

La situation de ces enfants est à rapprocher de celle des bâtards. Au XIIe siècle, l'idée d'une race élue où, par le sang, se transmettait la vertu, s'était imposée dans l'ensemble de la société chevaleresque. Ce qui importait pour le chevalier, c'était la transmission de son sang ; dans ces conditions, le statut juridique de l'union importait peu dès lors que la mère était de bonne souche ; d'où l'absence de défaveur à l'égard du bâtard. De manière générale, il paraissait certain que les bâtards nobles, issus de hauts lignages, ont joui pendant longtemps d'un statut spécialement favorable, si bien qu'à la fin du XIe siècle le bâtard noble, faisait partie du lignage et, comme tel, était appelé à la succession de son auteur. Il paraît aussi probable que le bâtard constituait pour les chefs de lignage un atout militaire de premier ordre, pouvant combler les vides laissés par les fils légitimes morts. De plus, ces enfants naturels constituaient la preuve vivante des qualités de leur géniteur, à la condition que leur mère soit de haut rang.

De prime abord, il semble que le trouvère de la branche I du *Roman de Renart*, ne porte aucun jugement et nous décrit une situation bien établie et admise dans la société : les enfants du père, ceux de la mère ainsi que ceux issus de leur union, vivaient tous ensemble et étaient traités de la même manière au sein du groupe. En lui-même, ce simple fait suffit à expliquer que Pinte met tous ses frères et sœurs sur le même pied d'égalité, sans distinguer ses parents d'alliance et de sang.

Alors comment expliquer le fait que Pierre de Saint-Cloud, auteur de la branche II, récit fondateur des aventures de Renart, considère comme étant une insulte, le fait qu'on puisse traiter une personne de bâtard :

« *Quant il trove sa maisnie que Renars ot mal atirie, si fil s'en sont a lui clamé qu'il sont batu et confoulé et conpissié et chaalé et laidengié et apelé fil a putain, bastart, avoltre !* »[100]

Autrement dit, comment en est-on arrivé à ce statut défavorable du bâtard ? Sans doute parce que les enseignements de l'Eglise commençaient à pénétrer certains esprits et certaines classes sociales. La pratique de traitement égal des enfants, légitimes ou non, a été battue en brèche à compter de la fin du XIe siècle. La tendance qui se manifestait alors d'exclure les bâtards de la famille et du lignage correspondait à l'enseignement de l'Eglise, qui tentait de s'arroger au même moment le monopole juridictionnel en matière de mariage, la conduisant nécessairement à juger de la légitimité de l'enfant. A partir du moment où le mariage chrétien a commencé à apparaître comme l'unique base de la société, le bâtard a porté le poids de la faute de ses parents.

A travers ces quelques vers, on voit s'opposer deux conceptions : celle d'un clerc qui admet que tous les enfants nés doivent recevoir le même traitement et être considérés sans aucune distinction de naissance ; et la description d'un laïc, Pierre de Saint-Cloud, homme cultivé, qui peint une société où le terme de bâtard est perçu comme une insulte. Cette opposition traduit la rapide évolution des mentalités au XIIe siècle, sous l'emprise de l'Eglise. Les enfants légitimes

---

[100] *Le Roman de Renart,* Branche IX, vers 295-301.

devenaient petit à petit les seuls reconnus. Même si le mouvement fut rapide, les mentalités résistèrent quelque temps aux enseignements cléricaux, selon la classe sociale et l'éducation ; d'où on peut expliquer cette différence de point de vue entre deux branches rédigées à cinq années d'intervalle.

On peut tirer un autre constat de la plainte déposée par Pinte. Le décès prématuré de ses frères et sœurs lui laisse un lignage dévasté. Cette hécatombe n'est que le reflet de la mortalité infantile, galopante à l'époque, en raison des épidémies, de la famine ou des guerres[101] ; Renart symbolisant, ici la mort violente et irrésistible. De ses proches, il ne lui reste plus qu'une sœur, qui elle aussi, finit par succomber entre les pattes de Renart.

Mais qu'en est-il d'hypothétiques autres membres du lignage ? Il convient de ne pas perdre de vue que nous avons à faire à des gallinacés, animaux relativement féconds d'où peut résulter, génération après génération, une famille gigantesque. Tous les lignagers de Pinte n'ont sûrement pas été tués par le goupil. Mais, rien n'est dit sur l'existence de collatéraux. Néanmoins, lorsque Pinte et Chantecler vont porter plainte auprès du roi, ils ne sont pas seuls ; trois poules font partie du cortège funèbre[102] : Noire, Blanche et Roussette. Cette dernière apparaît dès la branche II ; récit fondateur du *Roman de Renart*[103]. De prime abord, ce personnage, à l'image de ses deux compagnes, semble anodin : on peut simplement dire qu'elle est une habitante de l'enclos de Pinte. Il faut cependant rapprocher ce fait d'un vers de la branche I, intitulée *Le jugement de Renart*. Convoqué à la cour du roi pour y être jugé, Renart se confesse à son cousin et déclare :

---

[101] Voir P. ARIES, *L'enfant et la vie de famille sous l'Ancien Régime,* Paris, 1973. Pour une étude plus récente : D. ALEXANDRE-BIDON et M. CLOSSON, *L'enfant à l'ombre des cathédrales,* Lyon, 1985.
[102] *Le Roman de Renart,* Branche I^a, vers 294- 315.
[103] *Le Roman de Renart,* Branche VII^a, vers 365.

« *De tout le lignage Pintain, fors seulement li et s'antain.* »[104]

Il ne reste du lignage de Pinte, qu'elle-même et sa tante. Par recoupement, Roussette, membre du courtil de Constant des Noes et présente lors du dépôt de la plainte de Pinte, est la tante de Pinte.

Ainsi comme on peut le constater, le lignage de Pinte se retrouve fort réduit. En pratique, il ne reste qu'elle, son époux Chantecler et une tante. Mais les deux sœurs ont le mérite de posséder certains dons mystiques qui vont leur être utiles pour aggraver le sort du goupil.

B. Le courtil de Constant des Noes : une sainte lignée

Pinte et Coupée possèdent toutes les deux des dons que l'on peut qualifié de miraculeux : Pinte a des dons extralucides et Coupée se voit doter, après sa mort de dons de guérison.

Pierre-André Sigal, a recensé au total 4756 miracles, dont 57 % de guérisons et de résurrections et 43 % d'autres prodiges, dans une zone comprise entre la Seine et la Meuse[105]. Par la suite, l'auteur a réparti les hauts faits des saints en deux catégories : d'une part les miracles destinés à réparer les infirmités et les pertes d'objets ; de l'autre les miracles permettant d'accéder à un autre monde, comme les visions et les prémonitions[106]. Ainsi, dans la société des XIe-XVe siècles, le concept de miracle était beaucoup plus large que de nos jours et beaucoup plus fréquent, puisque cette notion englobait des faits atmosphériques inexpliqués ou des choses très banales, comme de retrouver un objet ou un animal perdu.

---

[104] *Le Roman de Renart*, Branche I^a, vers 1076-1077.
[105] P.-A. SIGAL, *L'Homme et le miracle en France aux XIème et XIIème siècles,* Paris, 1985.
[106] A voir E. MARTIN, *Mentalités médiévales,* Paris, 1996, p. 30-42.

Dans le cycle « renardien », Pinte a des dons de voyance. Plus exactement, elle sait lire l'avenir dans les rêves qu'elle interprète. Ce don peut être classé dans la catégorie des miracles permettant d'accéder à un autre monde. On la voit se servir de ce don uniquement dans la branche II : Chantecler a vu des évènements en songe et demande à son épouse de bien vouloir l'interpréter :

« *Par cele fois que me devés, savés vous que çou senefie ?* » *Pinte parla, u molt se fi :* « *Dit m'avés, fait elle, le songe ; mais se Dieu plaist, çou iert mençoigne ! Nonporquant le vous voel espondre, que bien vous en saurai responbre.* »[107]

Pinte lui déclare que selon son rêve, le coq va être attrapé par un goupil mais Chantecler ne veut pas croire son épouse :

« *Pinte, fait il, molt par es fole ! Trop as dit vilainne parole, qui dis que je serai souspris et que la beste est el porpris qui par force me conquerra ; dehé ait qui ja le crera ! Ne m'as dit riens que je me tiegne : ja ne croirai, si boins i viegne que j'aie mal por itel songe !*
- Sire, fait ele, Dieus le donge ! Mais s'il n'est si con vous ai dit, je vous otroi, sans contredit, ja ne soie mais vostre amie !
- Pinte, fait il, çou n'i a mie ! »[108]

L'interprétation du rêve se révèle pourtant exacte et Renart emmène Chantecler devant les yeux de Pinte qui se lamente, résignée à ne plus revoir son époux :

« *Sire, bien le vous dis, et vous me gabiés tout dis et si me teniés por fole ! Mais ore est voire la parole dont je vous avoie garni ! Vostre sens vous a escharni : fols fustes quant il vous a pris, et fols ne crient tant qu'il soit pris ; Renars vous*

---

[107] *Le Roman de Renart,* Branche VII^a, vers 210-216.
[108] *Le Roman de Renart,* Branche VII^a, vers 255-268.

tient, qui vous en porte : lasse dolante ! con sui morte, que jou ensi pert mon signor : a tous jors ai perdu m'onor ! »[109]

Il y a là un rapport évident avec l'une des œuvres majeures de l'Antiquité grecque : l'*Iliade*. Comme Cassandre[110], Pinte a le pouvoir de lire l'avenir mais, comme la jeune Troyenne, personne ne la croit ; et la noble poule assiste, résignée, à la capture de son époux par le goupil telle Cassandre qui assiste, impuissante, à la destruction de Troie.

Coupée, sa sœur, fut tuée par Renart qui jeta son cadavre devant la porte de Pinte. C'est pour obtenir réparation de cet odieux crime que Pinte flanquée de sa parentèle vient porter plainte auprès de Noble. Le roi, ému et courroucé, décide d'accueillir la plainte mais fait procéder, avant toute chose, à l'inhumation de la poule, sous un arbre, tout près de l'endroit où le roi tient sa cour. Mais voilà qu'à peine enterrée, Coupée commence à faire des miracles qui vont se perpétuer tout au long des récits :

« *Car mesires Couars li lievres, qui de paour tranloit les fievres, deus jors les avoir ja eües, merci por Dieu or les a perdues sor la tombe dame Coupée car quant elle fu enterree ains ne se volt d'iluec partir, si ot dormi sor le martir. Et quant Ysengrins l'oÿ dire, que tels vertus fait la martire, dist qu'il avoit mal en s'oreille ; et Roeniaus bien li conselle : sor la tombe dormir le fist, lors fu garis, si conme il dist, mais, se ne fust bone creance, dont nuls ne doit avoir doutance, et Roeniaus qui le tesmoigne, la cors cuidast ce fust mençoigne.* »[111]

---

[109] *Le Roman de Renart*, Branche VII[a,] vers 349-360.
[110] Cassandre reçut le don de voyance d'Apollon. Mais ayant refusé de se donner à lui, il fit en sorte que personne ne croit en ses prédictions. Cela explique, que malgré ses mises en garde concernant l'enlèvement d'Hélène de Sparte et le fait qu'elle voyait Troie détruite par les Grecs, nul ne la crût. Etonnement, Homère ne dit rien de son don de prophétie. A vrai dire ce personnage n'apparaît qu'épisodiquement dans l'Iliade ; et très certainement ce don lui fût octroyé que bien plus tard par les héritiers d'Homère.
[111] *Le Roman de Renart*, Branche I[a], vers 470-487.

Au XIIe siècle, les guérisons et les résurrections constituaient le type de prodige le plus répandu accompli par les saints. La plupart de guérisons étaient rapides, conformément aux modèles évangéliques et les plus courantes concernaient, la cécité et les affections des yeux d'origine accidentelle ou nerveuse[112], ainsi que la surdité. Les fièvres et les maladies infectieuses constituaient une catégorie floue et assez mal représentée[113]. La guérison survenait généralement au bout de trois jours conformément aux rythmes naturels. Ainsi, les miraculés du *Roman de Renart* n'ont rien d'exceptionnel : Couard fut guéri de sa fièvre et Ysengrin de sa surdité. Les miracles sont donc pour la plupart de nature thérapeutique.

L'instauration du culte de Coupée apparaît comme conforme à la dynamique miraculeuse médiévale. Au départ, un lieu déterminé : la tombe de la poule, la sépulture constituant un lieu classique où se produisaient les miracles. L'endroit n'était pas forcément sacré, le défunt n'était pas un saint ; mais Coupée est morte en martyre, persécutée par Renart, le mal en personne. En ce lieu, des miracles de guérison se produisaient spontanément, sans la moindre intervention des autorités ecclésiastiques et suscitaient la manifestation d'autres miracles par le jeu de la rumeur publique. Cela est vérifié dans le roman : c'est tout d'abord Couard qui se trouve mystérieusement guéri de sa fièvre après avoir passé une nuit sur la tombe de Coupée. Ensuite, c'est la surdité d'Ysengrin qui disparaît. Ces miracles se trouvent confirmés par le témoignage de Roënel. Si bien qu'à la fin, on vint en foule voir la tombe de Coupée pour obtenir une guérison. Ainsi Poncet, sur les conseils de Renart, s'y rend pour être protégé par la sainte :

---

[112] Selon l'étude de P.-A. SIGAL, ce type de miracle constituait 17,5 % de l'ensemble.

[113] 4,1 % de l'ensemble des miracles selon P.-A. SIGAL.

« *Amis Poincet, fait il que saige ; se tu crois çou que jou dira, mervelles bien a toi venra. Et quoi est-ce ? Moi os bien dir : lassus girra un boin martir, por lui fera Diex grans vertus. Si i vas tu o les pies nus et porte un candel en ta main, et veillier toi hui et demain, ton candel faire iluec lumer, tost fait il fiu a toi garder.* »[114]

On ne verra pas ce que Poncet fait pour obtenir l'aide de la sainte, car il tombe auparavant dans un piège tendu par Renart. Mais on peut tirer certains éléments du passage où Poncet essaie de sortir du piège sous les quolibets du goupil :

« *Renars toujous avant la boute, tant fort l'espoint que chiet es las par le col et par l'un des bras. Il est cheüs ens ou broion, qui chevilliet fu el cloion. Cil tire fort et li bras frosse, li las li refont grant angoisse. Forment s'esforce, forment tire ? Poincés reclame la martire que il soit verais garans, qu'il n'a ci nul de ses parens. Tire et retire, ne li vaut. Renars le ranprosne de haut : « Poincés, vous a asses oré et vous avés fait trop moré. Molt amera vous cel martir con n'en porra vous departir. Vorroies devenir hermit, moinnes ou renclus en habit ? Si te vorrai et moi sivré et je le ferai de bon gré, que vous hermit fait devenir et o vous le martir tenir. Ce sera molt fort merviller, se vous vorra hui mais viller, que vouz fustes novel bousé et ta mollier ſuit molt ton gré.* »[115]

Apparemment, il fallait prier si l'on voulait être entendu par la sainte. C'était par la prière que s'exprimait au Moyen-Âge comme à d'autres époques, la foi du fidèle chrétien. Les prières pour obtenir un miracle pouvaient être faites n'importe où mais on pensait qu'elles étaient plus efficaces devant la tombe du saint. Voilà pourquoi Poncet se rend sur la tombe de Coupée pour réclamer l'aide de la sainte, la nuit

---

[114] *Le Roman de Renart,* Branche I^c, vers 2953-2963.
[115] *Le Roman de Renart,* Branche I^c, vers 2973-2999.

qui est un instant traditionnellement favorable à l'incubation[116].

L'attitude de Poncet laisse présumer qu'on priait prosterné, conformément aux pratiques habituelles. Si le saint avait entendu la prière, il y avait miracle. Mais la faveur accordée par le saint appelait en retour un contre-don du fidèle, le plus souvent sous forme d'*ex-voto*[117]. Signe de reconnaissance, ce dernier témoignait aussi très clairement de la nature du prodige accompli. C'étaient très souvent des objets pieux, mais certains pèlerins fortunés offraient aussi des pièces de monnaie, des calices ou des serfs. Le contre-don du miraculé pouvait parfois revêtir une forme plus contraignante, quand il faisait abandon de sa personne au saint en devenant moine ou chanoine, simple frère, convers, ou *sainteur*, c'est-à-dire dépendant du saint. Cela explique les quolibets de Renart, demandant à Poncet s'il veut devenir ermite, moine, prendre l'habit de reclus ou ermite afin que la martyre reste à ses côtés.

L'initiative du miracle revenait incontestablement à l'imaginaire populaire. Néanmoins, elle était très vite relayée par l'action des clercs ou des moines, seule condition à la continuation des miracles et à l'essor, ou le renouveau du culte. Comme le dit A. Vauchez :

> « *Une dévotion qui suscitait pour un temps l'enthousiasme des foules n'était assurée de durer que si elle trouvait une structure d'accueil et un enracinement dans le cadre d'une institution ecclésiastique.* »[118]

Les miracles étant reconnus, la personne autour duquel ils se sont produits était en bonne voie pour être sanctifiée. A l'origine, c'était le peuple qui sanctifiait. Vers le VIe siècle se produisit une première évolution. Ce n'était plus seulement la

---

[116] Le rite de l'incubation consistait essentiellement à se rendre en pèlerinage dans un lieu sacré ou dans un temple, à y coucher et y dormir.
[117] *L'ex-voto* signifie dans son sens le plus précis, un objet déposé dans un sanctuaire à la suite d'un vœu.
[118] A. VAUCHEZ, *La Sainteté en Occident*, Rome, 1981, p. 220-221.

communauté mais aussi un clerc qui pouvait proposer un saint à la vénération. Le Concile de Mayence, en 813, prévoyait que seuls les évêques, les synodes et les princes pouvaient canoniser. Les princes n'en prirent jamais l'initiative. Quant aux évêques, ils se consultaient parfois réciproquement avant d'y procéder. Ce régime perdura jusqu'au Concile de Latran en 1215 qui réserva la possibilité de canoniser au pape seul. Dès lors, il fallut mettre au point une procédure normative : le procès en canonisation. Des études informatives avaient d'abord lieu dans le diocèse d'origine. Si les conclusions étaient positives, le cas était transmis au consistoire pour procéder à la béatification ou à la canonisation[119].

---

[119] La procédure se présente comme celle d'un procès canonique. Elle consiste, d'abord, en une enquête approfondie confiée à l'évêque diocésain, puis en une décision réservée au pape après un examen minutieux du dossier par un organisme spécialisé du Saint-Siège, la Congrégation des rites devenue en 1965, la Congrégation pour la cause des saints.
L'évêque diocésain qui est saisi d'une demande de béatification ou de canonisation de la part de fidèles, ou qui prend lui-même l'initiative d'engager la procédure, a pour mission essentielle en l'occurrence de recueillir et d'examiner les preuves avancées en faveur de la cause ainsi introduite. Celle-ci a un avocat, le postulateur de la cause, choisi par ceux qui ont introduit la cause ; l'évêque recourt pour sa part à des théologiens. Il fait entendre des témoins, examiner les écrits du serviteur de Dieu s'il y en a, procéder à une enquête sur son martyre, sur ses vertus chrétiennes, sur les miracles avancés comme preuves. Une fois l'enquête achevée, l'ensemble du dossier avec les conclusions de l'évêque est transmis à Rome.
C'est alors la Congrégation pour la cause des saints qui va mener à son terme l'examen de la cause. Cette Congrégation romaine est constituée d'un collège de cardinaux et d'évêques présidé par un préfet assisté d'un secrétaire. Ce dernier dispose de rapporteurs et de consulteurs pour examiner chaque élément du dossier, et en particulier des miracles.
Dans le cours de la procédure intervient le prometteur de la foi, sorte d'avocat général dont la mission est de ne rien laisser dans l'ombre de la vie de serviteur de Dieu, y compris tout ce qui pourrait être défavorable à sa Cause. Après délibération, la Congrégation se prononce par des votes à propos du martyre, des vertus chrétiennes, des miracles ; s'ils sont positifs, ils se traduisent par des décrets reconnaissant la réalité des éléments indispensables à la béatification ou à la canonisation. Le dossier

Or, dès son premier miracle, Coupée est qualifiée de sainte. Aucune autorité ecclésiastique, aucun évêque, n'étudie son dossier. Ce sont les barons et le roi qui décident, de sanctifier Coupée au motif que certains barons ont été guéris en restant sur la tombe de Coupée. Ces guérisons inexpliquées ne peuvent qu'être miraculeuses, et donc s'il y a eu miracle, c'est que la poule est forcément une sainte. Les princes, donc le roi, avaient la capacité de canoniser une personne. Même si aucun prince n'a osé le faire, le concile de Mayence, qui avait encore autorité à l'époque de la rédaction du roman, le permettait.

L'absence de clercs ou de procédure de canonisation dans les récits prouve surtout que l'action cléricale est jugée inutile par les trouvères qui auraient tendance à insister sur l'adage « *Vox populi vox Dei* ». C'est en réalité la réputation de sainteté qui fait le saint et il n'y a pas besoin d'une reconnaissance par l'Eglise. On reconnaissait souvent un saint dans le déroulement de ses obsèques. Observons celles de Coupée :

« *Mais li rois el conmencement, et tout li autre del concile ont conmencie la vigile. Sires Tardis li limeçons luit par lui seul les trois leçons, et Roeniaus canta les vers, et il et Bricemers li cers et Bruns li ours dist l'orison, que Diex get l'arme de prison. Quant la vigile fu finee, et ce vint a la matinee, le cors porterent enterrer mais ançois l'ont fait saieler et un riche vassel de plonc, onques plus riche ne vit on. Si l'enfoïrent sous un arbre, et par desus misent un marbre, si ont escrit le non la dame et sa vie desor la lame, ne sai a cizel ou a graffe, i ont une leptaffe : « Desour cel arbre, enmi cel plain, gist Coupee, li suers Pintain. Renars, qui cascun jor empire, en fist as dens molt grant martire. » Qui dont veïst Pinte plorer, Renart maldire et devorer, et Cantecler ses piés estendre, molt grant pitié l'en peüst*

---

est alors remis au pape à qui revient l'ultime décision. Toute cette procédure peut s'étaler sur des années voire des dizaines d'années.

prendre. Quant li cors fut bien enterrés, li duels fu auques oubliés. »[120]

Cet enterrement paraît surprenant : ce qui est troublant est l'absence de prêtre et de cérémonie d'inhumation. Tous les barons du royaume sont présents mais aucunement un prêtre chargé de donner les derniers sacrements à la poule. Ce sont des laïcs qui procèdent à la cérémonie et non des clercs. Cette inhumation est à mettre en parallèle avec celle concernant le décès présumé de Renart dans la branche XVII intitulé *La mort de Renart*. A cet instant précis de l'histoire, il y a bien un clerc qui veille au bon déroulement de la cérémonie : c'est Bernard l'archiprêtre qui va clamer lui-même un sermon, peu catholique, retraçant les exploits sexuels du goupil[121] et son oraison funèbre.

Il apparaît que Coupée n'est pas morte de manière quelconque : elle a été tuée par Renart de façon atroce. Le goupil l'a exécutée à l'heure de none pour le plaisir et non pour se nourrir, et il a jeté son cadavre devant la porte de Pinte[122]. Cette heure, dans la liturgie catholique, est celle à laquelle est mort le Christ. Elle a donc connu une mort de sainte. Par elles-mêmes, les circonstances de sa disparition suffisent à lui reconnaître ce caractère sacré. De plus, Coupée est issue de la meilleure société. Une sainte d'extraction populaire était tout simplement inimaginable. La sainteté n'est populaire que dans la mesure où le saint jouissait d'une large popularité auprès de toutes les catégories sociales. Mais plus un saint recueillait le consentement des classes dirigeantes, plus sa réputation de sainteté semblait légitime. Coupée est issue de l'aristocratie et sa mort a bouleversé les esprits, du moins à la cour. Par sa mort en martyre, persécutée par Renart, la poule jouit d'une très grande popularité parmi les barons qui assistent à son inhumation.

---

[120] *Le Roman de Renart*, Branche I^a, vers 423-453.
[121] *Le Roman de Renart*, Branche XVIII, vers 837-937.
[122] *Le Roman de Renart*, Branche I^a, vers 342-343 : « *Hier a nonne, prés de ma porte, me jetas tu ma serour morte.*»

Rien d'étonnant qu'elle soit très vite promue au rang de sainte guérisseuse.

Même si la qualité du sang qui coule dans les veines du lignage de Pinte est d'une rare qualité, il reste que sa parentèle est dévastée. A l'inverse, le lignage de Renart est plus important. Il a des lignagers qui connaissent leur devoir et leur droit à l'égard de ce dernier et qui interviennent lorsque le goupil en a besoin, c'est-à-dire très souvent.

§2. Le lignage de Renart, une parentèle engagée

A l'exception de sa femme Hermeline, Renart dispose d'un lignage plus étendu que celui de Pinte, même s'il apparaît relativement restreint eu égard à la perception de ce concept juridique qui s'entendait largement à l'époque. Néanmoins, même réduit, l'aide fournie au goupil par ses lignagers est récurrente et efficace. Il s'agit d'abord du soutien apporté par ses trois fils : Malebranche, Percehaie et Rovel. Mais Renart peut aussi compter sur l'assistance de son cousin Grimbert, le blaireau.

A. Malebranche, Percehaie et Rovel : des enfants de « haut lignage »

Au XIIe siècle, la société était dominée par l'obsession du sang, support de l'honneur, du nom et du pouvoir. L'affirmation du concept de lignage impliquait une certaine conception de la filiation. L'idée d'une race élue où, par le sang, se transmettait les vertus et autres qualités s'était imposée dans l'ensemble de la société chevaleresque. Cette mentalité est bien ancrée chez Renart, puissant baron et chevalier. Il n'est donc pas surprenant d'entendre qualifier ses trois fils, Malebranche, Percehaie et Rovel d'« enfants de haut lignage ».

Conformément aux règles régissant les fabliaux, les enfants n'ont pas une grande importance et leurs interventions dans l'histoire sont sporadiques : à la différence de l'épouse, ils font partie intégrante du lignage de leur père mais ils ont le même statut que leur mère ; c'est-à-dire qu'ils doivent être soumis à leur géniteur, lui être obéissants et l'aimer ; du moins pendant la vie de ce dernier. Conformément à ces directives, les trois renardeaux accomplissent tout ce que leur demande leur père ; cela apparaît dans la branche XI, lorsque le goupil décide qu'il est temps que ses fils soient adoubés chevaliers. C'est sa décision et non le vœu de ses enfants qui ne le contestent pas :

« *Biaus filz, mais alés tote voie arriere, si ne demorés et vous deus freres m'amenés a la cort Noblez li lïons. Tous trois chevaliers vos ferons mais qui vegne la Pentecoste, cui que soit bel ne cui qu'il coste, car au roy molt grant guerre sort. Alés, ses amenés a cort molt tost et molt delivrement.* »[123]

Le droit français était tout imprégné de la morale chrétienne. Il en résultait que l'énumération des droits et devoirs des parents et des enfants ne figurait jamais dans les coutumes tellement ceux-ci correspondaient aux principes enseignés par l'Eglise. La communauté de vie au domicile conjugal paraissait déterminante dans les relations entre les parents et les enfants. Ils étaient soumis à leurs parents et surtout à leur père parce qu'ils vivaient sous leur toit, à l'image des renardeaux qui habitent Maupertuis avec leurs parents, « *à même pain et à même pot* » ; le premier devoir des parents et principalement du père consiste en effet à nourrir leurs enfants[124]. Or, il apparaît que Renart a beaucoup de mal à respecter ce devoir primordial, ses enfants se plaignant souvent de la faim :

---

[123] *Le Roman de Renart,* Branche XVI, vers 1736-1745.
[124] A. LEFEVBRE-TEILLARD, *Introduction historique au droit des personnes et de la famille,* Paris, 1996, p. 112 : « *L'enfant est un don, pas un dû, un bien du mariage qui doit être accueilli avec tendresse, nourri humainement et élevé religieusement.* ».

> « *Ce fu en may, au tens novel, que Renars tint son fil novel sos ses genols a un matin. Li enfes ploroit de grant fin, por çou qu'il n'avoit que mengier. Renars le prist a apaiier, si li dit : Fix, cuer de roi, je vois ou bois de Veneroi porcachier a ton cors viande.* »[125]

L'homme devait nourrir, élever et éduquer ses enfants. Son autorité n'était pas un attribut viril : si pour une raison ou pour une autre, l'épouse se retrouvait seule à vivre avec ses enfants, elle exerçait alors, du fait de la communauté de vie, cette autorité. La puissance paternelle n'apparaissait que comme la conséquence de la communauté de vie sous le même toit : elle était limitée dans le temps. La mainbournie des enfants s'éteignait lorsque les enfants quittaient le domicile des parents.

Or, il advient que les renardeaux, croyant leur père mort, quittent Maupertuis, laissent leurs parts d'héritage à leur mère, et vont se mettre au service d'un ennemi de Noble pour venger Renart :

> « *Troi fil li sont remés trop bel, qui molt sont cointe damoisel. Lor pere cuident bien vengier ains que on doie vendengier ; meü sont ja por querre aïe a ma dame Honte haïe. Toz li siecles est en sa main et tot li mont et tot li plain ; il n'en a bestes trusqu'a pors ne tant hardie ne tant fors, our ne lïon ne austre beste qui vers li ost lever la teste. Por soldees i vont li frere, quanque il ont lassent lor mere, qui molt par est cortoise dame.* »[126]

Avec leur départ de la maison parentale, ils gagnent leur liberté : c'était une sorte d'émancipation tacite reconnue coutumièrement. De plus, ils remplissent ici l'un des devoirs essentiels des enfants : la vengeance. Ils devaient défendre l'honneur de leur ancêtre et venger les membres de leur famille.

---

[125] *Le Roman de Renart,* Branche VI, vers 7-15.
[126] *Le Roman de Renart,* Branche I^c, vers 2844-2858.

On peut aussi voir dans le départ des renardeaux de la maison paternelle une allusion à certains évènements historiques et politiques de l'époque : Percehaie, Malebranche et Rovel décident de quitter le royaume et laissent leur héritage à leur mère pour aller se mettre au service de la reine Honte, puissante ennemie du roi Noble, pour venger la mort de Renart. Il y a ici un rapport évident avec les incidents qui se sont déroulés en mars 1173, à la cour d'Angleterre et qui ont eu un impact en France.

Le roi Henri II Plantagenêt organisa sa succession entre ses quatre fils. Son fils aîné, Henri le Jeune au Court Mantel, reçut les terres patrimoniales et les acquêts, c'est-à-dire l'Angleterre avec la Normandie et l'Anjou. Le second, Richard Cœur de Lion s'est vu offrir l'héritage maternel, l'Aquitaine. Le troisième, Geoffroi, était l'héritier par sa femme du duché de Bretagne ; le quatrième, Jean sans Terre ne reçut rien. Les quatre frères se révoltèrent alors, avec l'appui de leur mère Aliénor, devant le refus de leur père de leur remettre le pouvoir effectif. Ils se sont trouvés contraints de trouver refuge, en mai 1173, auprès du roi de France, Louis VII, ennemi juré de leur père. Ce dernier tint une assemblée à Paris, où les Grands se déclarèrent en faveur des jeunes fils d'Henri II, contre leur père.

A l'aide d'une transposition simple, Noble prend les traits d'Henri II Plantagenêt et Honte, ceux de Louis VII. Les renardeaux rendent le lion responsable de la mort de leur père. C'est lui en effet, qui a condamné son baron à mort. Il est évident qu'ils ne peuvent pas se venger de Noble, sur ses terres ; ils en seraient empêchés. Ils trouvent donc refuge chez l'ennemie jurée de Noble, dame Honte, comme les fils du roi d'Angleterre trouvant protection en France auprès du roi Louis VII, pour essayer d'infléchir la position de leur père, voire de se venger. Les similitudes ne s'arrêtent pas là, les modalités prévues par Renart pour le règlement de sa succession sont les suivantes :

« *Vous dites voir, ce dist Renars, drois est qu'il aient la lor part : mon castel lais mon fil l'aisné qui ja n'iert pris* home né ; mes tors et mes autres forteresces lais ma feme as courtes tettes ; et mon fil l'autre, Percehaie, lais je l'esart Robert Fresseaie u il a tant soris et rasqu'il n'en a tant jusque Arras ! Et mon petit fil Renardel lai ge l'esart Martin Laiel et le courtil derrier sa grance, ou mainte geline blanche : assés i trovera vitaille, je ne cuic qu'à nul jor li faille ; de çou se porra bien garir. Ne lor sai plus que departir. »[127]

Au XIIe siècle, concernant la dévolution à cause de mort il fallait opposer les règles des pays de droit écrit qui affirmaient les principes romains de l'unité de la succession et de la liberté testamentaire et les règles coutumières qui reposaient au contraire sur la succession *ab intestat*, avec des règles différentes selon la classification juridique des biens, meubles, acquêts ou propres, selon que l'on était noble ou roturier, selon que l'on habitait une ville ou le plat pays. Malgré tout, les coutumes aboutissaient le plus souvent à la sauvegarde de l'unité du patrimoine, grâce notamment au droit d'aînesse propre aux successions nobles. Justement nos animaux ne sont-ils pas tous des membres de cette classe sociale ?

Beaumanoir, se décide en faveur de la sauvegarde de l'unité du patrimoine entre les mains de l'aîné :

« *Se eritages descent a enfans, ou li ait oir masle, l'oirs masles ainés en porte le chief manoir hors part et après les .II. pars de chascun fief ; et li tires qui demeure doit estre departis entre les mainsnés egaument autant a l'un comme a l'autre, soient frere soient sereurs ; et de leur parties il vienent en l'homage de leur frere ainsné* »[128].

L'aîné devait recevoir, en priorité et hors part, le fief le plus important ; c'est-à-dire celui qui avait un château ; il prenait aussi les deux tiers du patrimoine restant. Ce privilège

---

[127] *Le Roman de Renart*, Branche I[b], vers 1992- 2009.
[128] P. de BEAUMANOIR, *Coutumes de Beauvaisis, op. cit.*, § 465.

d'aînesse a été introduit à cause des nécessités du service militaire féodal : il fallait éviter le démembrement des seigneuries qui devaient toujours fournir le revenu nécessaire à l'entretien d'un homme d'armes.

Le tiers restant était partagé par parts égales entre les autres enfants ; chacun d'eux prêtant hommage pour sa part à son frère aîné, en vertu du principe de la tenure en frérage. Ce subterfuge, décrit par Beaumanoir, permettant la sauvegarde du principe d'indivisibilité du fief, consistait à considérer les parts des cadets comme des sous-inféodations consenties par l'aîné à ses frères. Bien entendu, la tenure en frérage n'avait pas lieu lorsque les fiefs n'étaient pas morcelés et que, trouvant un choix suffisant dans la succession, chacun pouvait prendre son fief ; dans cette hypothèse, chaque frère était naturellement vassal direct du suzerain, sans l'intermédiaire du frère aîné.

Renart a laissé en priorité, conformément à ces pratiques juridiques, la partie principale du fief, celle sur laquelle se dresse le château, à son fils aîné, Malebranche qui devrait certainement devenir, si Noble l'accepte, le nouveau seigneur des terres de Maupertuis et son nouveau vassal, en lieu et place de son défunt père. Les deux autres fils de Renart ne reçoivent que certaines parties de la baronnie, certainement un tiers du total de la succession, que Renart partage en deux parts égales qui prennent la forme de deux essarts ; ces derniers devant, logiquement et conformément au principe de la tenure en frérage, prêter hommage à Malebranche, pour ces terres.

Ce système successoral n'était pas empreint d'égalité et un seul des enfants avait un pouvoir effectif sur le territoire. Ce choix de Renart rappelle les raisons de la colère des fils d'Henri II Plantagenêt envers leur père auquel ils reprochaient de se garder le pouvoir effectif sur tout le royaume.

La similitude est aussi flagrante dans la composition des parts de la succession. Malebranche, à l'image d'Henri le Jeune reçoit la plus grande partie des terres. Les deux autres Percehaie et Rovel ne reçoivent que deux essarts, comme

Richard Cœur de Lion et Geoffroi, héritant de deux duchés. Le rôle de Jean sans Terre est tenu pour l'occasion par Grimbert le blaireau, cousin de Renart, qui, malgré ses nombreuses interventions en faveur du baron de Maupertuis, ne reçoit aucun bien dans la succession du goupil.

B. Grimbert, un cousin dévoué

Renart a un lignager : Grimbert le blaireau. Dès le milieu de la branche I, nous apprenons qu'ils sont cousins germains : « *Por çou qu'il estoit ses cousins* »[129] : ils sont, tous les deux, issus d'un ancêtre commun – leur grand père – et sont donc unis par des liens de parenté légitime. Malgré la présence du blaireau, le lignage du goupil paraît relativement réduit : il se résume à Renart, ses enfants, sa femme et son cousin. Il est permis de s'interroger sur la véritable intention des trouvères qui ont décidé de regrouper dans une même famille deux animaux n'appartenant pas à la même espèce.

On constate dans la nature qu'il arrive que des renards et des blaireaux partagent le même terrier. Plus précisément, le blaireau tolère la présence des renards et des lapins dans les salles supérieures de son terrier, tandis que lui-même se réserve la chambre centrale. Pour imaginer un tel lien de parenté, les trouvères ont dû suivre avec intérêt la vie de ces deux espèces animales dans leur milieu naturel. Cette observation purement factuelle peut nous aider à comprendre cet étonnant lien de parenté mais permet aussi d'expliquer la singulière ressemblance entre les noms des deux seigneuries. Renart est le maître incontesté de la baronnie de Maupertuis. Son voisin Grimbert est seigneur de Maubuisson. Les noms des deux seigneuries commencent par le préfixe « mau » qui signifie habituellement mauvais. Il y a ici un lien évident entre la dénomination des lieux et le caractère des personnages.

---

[129] *Le Roman de Renart,* Branche Iᵃ, vers 972.

Maupertuis peut se traduire par « mauvais passage »[130]. Chaque fois qu'un baron se rend chez Renart, ils tombent fréquemment dans un piège tendu par le goupil ; si bien qu'à la fin, Ysengrin, Brichemer, Tibert ou Brun n'osent plus y retourner car ils sont convaincus qu'il leur arrivera malheur. Maupertuis se transforme véritablement à chacune de leur visite en un « mauvais passage » et on peut légitimement penser que ce sont eux qui ont affublé l'antre de Renart d'une telle dénomination.

Par contre, une telle explication paraît, de prime abord, inadaptée lorsqu'il s'agit d'expliquer la présence du préfixe « mau » dans le nom de la seigneurie de Grimbert. Le blaireau est présenté comme quelqu'un d'une grande sagesse, féru de procédure, posé et réfléchi. Le nom de Maubuisson semble totalement en inadéquation avec son caractère. Néanmoins, ce personnage est plus calculateur et intéressé qu'il pourrait paraître.

1) *L'aide journalière de Grimbert*

C'est de l'aide de Grimbert en faveur de son cousin Renart, dont il s'agit ici. On ne peut pas nier qu'au-delà du lien de famille qui les unit, il existe un puissant lien d'affection entre eux pour des raisons qui nous sont inconnues. Lorsqu'un baron se plaint de l'attitude de Renart auprès du roi, Grimbert est toujours mandaté pour aller le quérir dans sa forteresse de Maupertuis. Il paraît être en permanence le dernier recours pour toutes les affaires qui concernent le goupil : lui seul, parvient à faire venir Renart à la cour et à le raisonner. Une telle attitude est plus qu'un simple effet de la vie communautaire dans un même terrier ; mais c'est véritablement la matérialisation de la solidarité familiale au sein d'une réelle communauté.

Ainsi, dans la branche XVII intitulée *La mort de Renart*, on apprend de la bouche même de Grimbert que sa fortune

---

[130] LA CURNE DE SAINTE-PALAYE, *Dictionnaire, v°* Maupertuis.

s'est accrue grâce à Renart[131]. Cette affirmation peut nous laisser présumer que les deux barons sont en affaires ensemble.

L'occident féodal reconnaissait la légitimité de la possession individuelle. Mais dans la pratique, la solidarité du lignage se prolongeait fréquemment en société de biens :

> « *Partout, dans les campagnes, de nombreuses 'frairèches', groupaient autour du même 'feu' et du même 'pot' et sur les champs indivis, plusieurs ménages apparentés.* »[132]

Ces pratiques étaient, sans doute, plus rares dans les classes plus élevées, le fractionnement devenant plus aisé à mesure que la richesse augmente[133]. Néanmoins, beaucoup de petits seigneurs pratiquaient, tout comme les paysans, l'indivision, exploitant en commun le patrimoine, vivant tous ensemble dans le château ancestral.

Il faut de surcroît garder à l'esprit, la significative ressemblance entre les noms des baronnies voisines des deux cousins et la constatation que, dans la nature, le blaireau partage son terrier avec le renard : ne vivraient-ils pas tous ensembles dans le même logis tout comme les petits seigneurs, dans le château ? Dans ce cas-là, rien n'interdit de penser qu'ils exploitent aussi, en commun, leur patrimoine. Renart est certainement plus doué en affaire que Grimbert ; sa perte serait donc préjudiciable pour lui. Son sort est lié à celui de Renart. C'est dans ce sens qu'il faut interpréter les propos de blaireau :

---

[131] *Le Roman de Renart,* Branche XVIII, vers 512- 515 : « *Quant mors est mes cousins germain ! Dou plus estoie, or sui douz mainz, que par lui, estoie montés en avoir* ».
[132] M. BLOCH, *La société féodale,* Paris, 1939, p. 192.
[133] Voir par exemple J. TRICARD, « Frérèches et comparsonneries à la fin du XVème siècle : un exemple limousin », *Revue d'Auvergne*, t. 100 [1986], p. 119-127. Du même auteur, *Les campagnes limousines du XIVème siècle au XVIème siècle : originalité et limites d'une reconstruction rurale,* Paris, 1996, p. 108-115.

« *Que par lui, ce saciés de voir, estoie montés en avoir.* »

Cependant, ce lien de famille est bien pesant pour Grimbert. Il est seul la plupart du temps pour défendre le goupil à la cour du roi Noble. Il n'hésite pas à s'opposer, à la cour, aux autres seigneurs et parfois au roi même, qui en est pleinement conscient[134]. C'est d'ailleurs dans ce cadre que Grimbert passe une large partie de son existence à défendre son cousin. Néanmoins, le blaireau est lui aussi baron du royaume et vassal de Noble à qui il doit différents services comme le conseil[135] ; il doit apporter son aide au roi, son seigneur, lorsque celui-ci le requiert et en particulier dans les affaires qui ont un lien avec son périlleux cousin : étant un pair de Renart, il est appelé à être un de ses juges à la cour, au même titre que les autres barons. A cause de ce devoir, il est dans une position des plus inconfortables : le blaireau se trouve partagé entre les devoirs inhérents à la solidarité familiale et ceux qui découlaient de la vassalité. Une telle situation est à rapprocher de deux autres cas : celui du conflit de lignage et celui de vassalités multiples.

Il pouvait fort bien arriver, quand deux lignages se heurtaient, qu'un même individu appartînt aux deux à la fois. Sagement Beaumanoir conseille d'aller vers le parent le plus rapproché, et à degré égal, de s'abstenir :

---

[134] *Le Roman de Renart,* Branche I^a, vers 930- 932 : « *Sire Grimbert, molt m'esmervel se ce est par vostre consel que dans Renars m'a si por vil.* »

[135] Lorsque le vassal prêtait hommage : il passait *de facto* sous la dépendance et la protection de son seigneur qui lui concédait un fief. En contrepartie de ce bienfait, il lui devait deux devoirs : l'aide, qui pouvait être militaire ou prendre la forme d'un secours en argent ; et le conseil qui était le service de cour, lorsque le seigneur demandait l'avis de ses vassaux sur le gouvernement de sa seigneurie ou sur la gestion du domaine ou pour l'exercice de la justice. Cette cour seigneuriale était aussi compétente en matière féodale, pour tout ce qui touchait aux relations féodo-vassaliques.

« [...], *et quiconques est aussi prochiens de lignage de l'une partie comme de l'autre de ceus qui sont chief de la guerre, il ne doit de la guerre se meller.* »[136]

Nul doute que dans la pratique, la décision fut souvent dictée par les préférences personnelles. Nous retrouvons ce problème avec le cas de vassalités multiples. A compter du Xe siècle, avec la prolifération des liens vassaliques, il n'était pas rare qu'un vassal ait plusieurs seigneurs. Il en résultait une singulière anarchie : en cas de conflit entre seigneurs d'un même vassal, auquel des deux, celui-ci devait apporter l'aide et le conseil ? Les théoriciens ont vainement tenté de concilier et ordonner ces pluralités d'engagements avec la création des clauses dites « de réserve de fidélités »[137] ou la distinction entre l'hommage *lige* et l'hommage *plain*[138] ; mais tous ces efforts ne furent guère concluants. En définitif, si le vassal était l'homme de plusieurs seigneurs, il pouvait choisir celui qu'il servirait ou au contraire, se conduire comme s'il ne dépendait de personne. Cependant, rien n'a été véritablement prévu pour une personne qui se trouvait dans le dilemme de Grimbert.

Dans la branche I[a] intitulée *Le siège de Maupertuis*, Noble, courroucé par le comportement de Renart, décide de l'assiéger. Il demande donc l'aide de tous ses barons, qui, comme un seul homme, accèdent à sa requête. N'est-il pas

---

[136] P. DE BEAUMANOIR, *Coutumes de Beauvaisis, op. cit.,* § 1667.
[137] La clause dite de « réserve de fidélité » disposait que le vassal d'un premier seigneur ne devenait l'homme d'in second qu'en subordonnant le nouvel engagement à celui qu'il doit déjà. J.-L. HAROUEL, J. BARBEY, E. BOURNAZEL et J. THIBAUT-PAYEN, *Histoire des institutions de l'époque franque à la Révolution,* Paris, 1993, p. 124-126.
[138] Cette distinction fut élaborée au milieu du XIème siècle. Il en ressortait que le titulaire de l'hommage *lige* bénéficiait d'un service prioritaire par rapport au titulaire de l'hommage *plain* duquel résultaient des effets secondaires. Cette distinction n'empêcha pas la multiplication des hommages *liges* et les théoriciens furent obligés de lier la priorité du service, soit à l'ancienneté de l'engagement, soit à l'importance de la concession du fief. J.-L. HAROUEL, J. BARBEY, E. BOURNAZEL, J. THIBAUT-PAYEN, *op. cit.*

leur seigneur et suzerain ? Grimbert, est présent en tant que vassal. Il doit à son seigneur l'aide militaire et le conseil ; et quand son cousin se fait capturer, il reste passif. Une telle attitude laisserait présumer que lorsqu'il y a conflit entre les liens féodo-vassaliques et la solidarité lignagère, ce ne sont pas les liens du sang qui priment.

Mais Beaumanoir, qui présente un tableau complet du droit de la guerre, semble implicitement favoriser la solution inverse :

« *Et aussi comme nous avons dit des soudoiers, disons nous de ceus as queus il convient fere aide par reson de seignouriage, si comme il convient que li homme de fief et li oste qui tienent d'aus ostises et li homme de cors facent aide a leur seigneurs quant il sont en guerre, tout soit ce qu'il n'apartiegnent de lignage ; donques tant comme il sont en l'aide avec leur seigneurs, tant les puet on tenir en guerre ; et quant il s'en sont parti, ils sont hors de la guerre, ne ne les doit on pas guerroier pour ce s'il firent ce qu'ils durent vers leurs seigneurs.* »[139]

Ceux qui ont un devoir d'aide à l'égard de leur seigneur et qui le respectent concrètement, sont censés participer à la guerre à ses côtés ; par la suite, on ne doit pas leur faire reproche de leur attitude et entamer contre eux une guerre privée. Beaumanoir émet néanmoins une réserve : cette règle est uniquement valable pour les hommes qui sont sous dépendance et n'ont aucun lien avec le conflit ; elle est inapplicable aux membres des lignages en cause. Cette restriction, laisse supposer, qu'à son égard, la solidarité familiale obéit à des règles spécifiques qui doivent primer sur les devoirs découlant des liens féodo-vassaliques car elles y dérogent.

Grimbert est le seul défenseur de Renart à la cour de Noble. Il essaie tant bien que mal de venir au secours de son cousin qui, toujours absent, ne peut présenter aucune défense

---

[139] P. DE BEAUMANOIR, *Coutumes de Beauvaisis, op. cit.*, § 1687.

face aux plaintes de ses détracteurs. De ce fait, c'est toujours Grimbert qui vient au secours de Renart et jamais l'inverse. On peut se demander s'il n'existe pas d'autres raisons qui poussent le blaireau à apporter son aide au goupil. En effet, dans son rôle de défenseur de son cousin à la cour, il est souvent seul contre tous ; les autres barons voulant en découdre avec Renart. Il ne paraît pas logique de prendre tous ces risques dans un but purement altruiste ; risquant de se mettre à dos toute la mesnie royale. Pour rechercher les autres motivations dictant la conduite de Grimbert, il faut étudier sa réaction dans la branche I^a. A ce moment de l'histoire, Renart est sur le point d'être pendu et Grimbert lui demande d'organiser sa succession. Le goupil s'exécute mais omet son cousin qui lui en fait la remontrance :

« *Prez estez de la vostre fin et je sui ci vostre cousin : de vostre avoir aucune rien moi lassiés, si ferés bien et si ferés molt grant savoir !* »[140]

Renart ne cède pas et lui rétorque :

« *Vous dites voir, foi que devés sainte Marie, se ma feme est remariee, tollés li quanquez je li lais et si tenés ma terre en pais, car molt m'aura tost oublié quant elle me sera devié !* »[141]

On pourrait penser que la demande de Grimbert n'est qu'une nouvelle manifestation des droits des lignagers. En effet, en matière successorale, à l'époque médiévale, l'institution de la réserve conférait à chaque lignage un droit sur le patrimoine de la famille. En réclamant sa part d'héritage, Grimbert ne fait, après tout, que se conformer aux règles de succession de l'époque. Cependant, en l'espèce, l'institution de la réserve ne peut pas jouer ; en effet, eu égard aux règles de transmission « *ab intestat* » des pays

---

[140] *Le Roman de Renart,* Branche I^b, vers 2010-2014.
[141] *Le Roman de Renart,* Branche I^b, vers 2015-2021.

coutumiers, l'ordre des descendants prime sur celui des collatéraux[142]. Renart laisse des descendants à sa succession qui ont vocation à recouvrer l'ensemble du patrimoine de leur père ; ils ont la prépondérance sur tous les héritiers collatéraux, donc *de facto* sur Grimbert.

Un autre système au Moyen-Âge aiderait le blaireau à acquérir certains biens de Renart, si l'occasion se présentait. Jusqu'à la fin du XIIe siècle, on exigeait qu'avant toute aliénation à titre onéreux d'un bien provenant d'un héritage, celui-ci fût l'objet, au profit des proches, d'une offre préalable. Puis, à partir du début du XIIIe siècle, on se borna à reconnaître aux membres de la parentèle, dans un rayon et selon un ordre donnés, la faculté, une fois la vente réalisée, de se substituer à l'acquéreur, moyennant le reversement du prix déjà payé : c'était le retrait lignager. Cette institution peut offrir à Grimbert, la possibilité de s'emparer d'une partie du patrimoine de Renart à condition que les héritiers décident de se séparer de certains biens. Or, personne ne peut deviner, par avance, les intentions des enfants du goupil ; le blaireau doit donc trouver un autre stratagème pour pouvoir s'emparer d'une partie du patrimoine de son cousin, stratagème qu'il va trouver à l'occasion du remariage d'Hermeline, veuve de Renart[143].

Même s'il peut paraître à bien des égards choquant, l'intérêt de Grimbert pour le patrimoine de son cousin est compréhensif et, peut-être, justifié. En effet, Renart est maintes fois accusé de différents crimes et délits devant la cour du roi Noble. N'étant jamais présent, le blaireau, en bon cousin, est obligé de prendre sa défense et de l'aider envers et contre tous, respectant ainsi les obligations inhérentes au principe de solidarité familiale. Mais une telle aide, surtout si elle efficace, devrait être récompensée. Or, jamais Renart ne remercie son cousin. En voulant s'emparer de certains biens du goupil, Grimbert ne veut que prendre ce qu'il pense lui

---

[142] Voir par exemple, P. DE BEAUMANOIR, *Coutumes de Beauvaisis, op. cit.,* § 461 et suiv.
[143] *Cf. Infra.*

revenir en récompense de l'aide, essentiellement judiciaire, qu'il lui fournit.

2) *L'assistance judiciaire de Grimbert*

Traiter de l'assistance judiciaire de Grimbert, c'est d'abord s'intéresser à la justice du XIIe siècle. Dès le Xe siècle, l'effondrement de la justice publique permit au principe de la vengeance privée de connaître un regain de vigueur. Cette vengeance donnait lieu à d'impitoyables guerres privées entre les deux clans où le lignage de chacun était engagé. La guerre n'était cependant pas automatique, parfois même elle était impossible comme dans *le Roman de Renart*. En effet, dès le début de l'histoire, on apprend de la bouche même de Renart que :

« *Messire Nobles li lion a or partout la pais juree.* »[144]

Le roi a imposé la paix universelle sur tout le territoire, rendant impossible la guerre privée ou même tout acte de vengeance. Le seul moyen possible pour que les victimes d'un crime ou d'un délit puissent obtenir réparation, était la voie judiciaire, devant la justice seigneuriale.

Durant cette période, il est probable que les formes procédurales étaient très sommaires, chaque cour seigneuriale ayant ses propres usages. En tout état de cause, il faut éviter de se reporter aux règles juridiques établies tout le long du XIIIe siècle. Les formalités se sont certainement développées avec le temps, le procès de la première époque féodale étant beaucoup moins complexe que celui des XIIIe et XIVe siècles[145].

La procédure criminelle du XIIe siècle était une procédure purement accusatoire. Sans accusateur, sans plainte, il n'y

---

[144] *Le Roman de Renart,* Branche VII^a, vers 484-485.
[145] J.-M. CARBASSE, *Introduction historique au droit pénal,* Paris, 1990, p. 84.

avait pas de procès possible. L'accusation était portée devant la cour assemblée ; la poursuite n'appartenait qu'à la partie lésée ou si elle est décédée à son lignage. Ainsi, le plus souvent, les coutumes réservaient au plus proche lignager du mort d'accuser le meurtrier :

« *De multro autem vel homicidis propinquor in genere sequelam faciendi retinet potestatem.* »[146]

Le lignage, n'ayant aucune organisation, ni aucune hiérarchie, ce proche devenait en quelque sorte le « chevetaigne de guerre » et dirigeait les opérations ; certes ce n'était pas une véritable guerre au sens premier du terme, mais une bataille juridique. Chaque lignager apportait durant le procès, l'aide qu'il pouvait à ce chef désigné de fait. Pinte par exemple, devient automatiquement au moment du procès, comme plus proche parente de sa sœur, le « chevetaigne de guerre », et le reliquat de son lignage va lui apporter toute l'assistance qu'il peut pendant le déroulement du procès. C'est d'ailleurs, la noble poule qui dépose plainte auprès du roi :

« *Renars, la male flanme t'arde ! Tantes fois nous avras foulees, et cacies et triboulees, et deschirees nos pelices et enbatues en nos lices ! Hier a nonne, prés de ma porte, me jetas tu ma serour morte, puis t'enfuïs parmi un val. Gerars n'ot mie isnel cheval, si ne te poot mie ataindre. Venue me sui de toi plaindre, mais je ne truis qui droit m'en face, car tu ne criens autrui manace, n'autrui corouç pas deus fioles.* »[147]

Comme on peut d'ores et déjà le constater, la procédure était orale, publique mais aussi formaliste. Les parties devaient comparaître au jour fixé dans la citation ou la

---

[146] *Summa de Legibus Normannie,* 69, 2 ; cité par Pierre PETOT, *Histoire du droit privé français, La famille,* texte établi et annoté par C. BONTEMS, Paris, 1992, p. 416-422.
[147] *Le Roman de Renart,* Branche I^a, vers 337-350.

semonce ; elles devaient comparaître personnellement et ne pouvaient pas se faire représenter. Cela explique que Grimbert peut effectivement prendre la défense de Renart et se porter garant pour lui, mais il ne peut suppléer son absence. Renart doit absolument venir à la Cour, où habituellement il refuse de venir.

Dès lors, il est difficile d'admettre qu'il existait une véritable défense au sens moderne du terme : l'accusé lui-même devait prouver son innocence soit en subissant l'ordalie unilatérale, soit en prêtant un serment purgatoire, soit enfin en triomphant de son accusateur dans un duel. On voit mal comment des tiers pouvaient apporter une quelconque défense à l'accusé.

Plus qu'une intervention directe des lignagers dans la défense proprement dite de l'accusé, c'est de l'assistance que peut apporter la parentèle dans la procédure pénale dont il s'agit ici. Dans le *Roman de Renart*, Grimbert n'intervient jamais directement pour défendre son cousin mais uniquement pour l'assister. C'est d'ailleurs l'occasion pour le lecteur de constater la finesse d'esprit du blaireau : il ne conteste jamais les accusations lancées contre le goupil ; comment le pourrait-il alors qu'il les sait fondées et qu'il est conscient de la fourberie de son cousin ?

« *Sire Renars, çou dist Grimbers, vostre barat est trop apert.* »[148]

Mais en fin stratège, il essaie soit de tempérer l'accusation, n'hésitant pas à faire retomber la faute sur une tierce personne[149], soit d'amadouer le roi, en espérant qu'il se montre magnanime :

---

[148] *Le Roman de Renart,* Branche I^a, vers 978-979.
[149] *Le Roman de Renart,* Branche I^a, vers 126 : « *Quant li blasmes iert dame Hersent.* »

« *Por Dieu, or esgardés raison, aiés merci de vo baron !
S'il est pendus, sachiés de fi, tout si parent seront honni,
avillié en seront tous dis.* »[150]

En tout état de cause, il essaie de relativiser l'attitude de son cousin et reste placide par rapport au reste de la cour. Il n'hésite pas à protester quand il lui semble apercevoir quelques faussetés. Cette attitude est flagrante dans la branche I : lorsque Renart paraît pour se défendre à la cour, le jugement est des plus sommaires ; Grimbert est donc tout à fait en droit de le contester. Il est possible que le goupil ait tué Coupée, mais doit-on croire, pour autant, las affirmations de Chantecler et Pinte ? Ne serait-il pas mieux de confronter les accusateurs et l'accusé ? Le roi pourtant ne veut rien entendre, et le conseil, unanime, envoie Renart à la potence sans avoir même fait mine de délibérer[151].

Grimbert va, aussi, devoir assister, son turbulent cousin, lors de serments et duels, qui constituaient, faute d'aveu, un système probatoire. Ainsi dans la branche VI, le goupil doit prêter serment sur la dent de Roënel, de n'avoir jamais offensé Ysengrin :

« *Renars, fait [Brichemer], vos qui devés a Ysengrin faire escondit, ensi con li baron ont dit, aprochiés vous a sairement, si le faites isnellement ; nous savons bien, se lui pleüst, assés croire vous en deüst, sans ja jurer, et nequedent vous jurerois desus la dent saint Roënel le rechignié n'en tel maniere deceü. A tort vous en a mescreü.* »[152]

Prêter serment, c'était prendre Dieu à témoin de la véracité de ses dires ou la justesse de sa cause. Prêter un faux serment, constituait une injure à Dieu et entraînait à coup sûr la damnation éternelle après la mort[153]. La forme la plus

---

[150] *Le Roman de Renart*, Branche I^a, vers 1421-1425.
[151] *Le Roman de renart*, Branche I^a, vers 1291-1400.
[152] *Le Roman de Renart*, Branche V^c, vers 1845-1857.
[153] *Dictionnaire de droit canonique*, sous la direction de R. NAZ, v° Serment.

fréquente était le serment purgatoire, prêté par l'accusé lui-même pour se disculper. En fait, l'accusé ne jurait jamais seul ; il devait avoir avec lui un certain nombre de cojureurs, qui prêtaient serment à l'appui du sien. Ces personnes, choisies par l'accusé parmi ses parents ou amis, ne constituaient pas des témoins : ils ne déposaient pas sur les faits de la cause. Ils venaient simplement se porter garants de la sincérité de l'accusé. Il était convenu, voire imposé dans certains cas, que les cojureurs devaient être les « amis charnels » de ceux qui prêtaient serment. Ainsi, dans la branche V^a, le roi Noble, ayant reçu la plainte d'Ysengrin et suivant l'avis de son conseil, ordonne à Renart de prêter serment, pour se disculper de l'accusation du loup. Chacun des deux barons choisit ses cojureurs avant le serment. Le goupil choisit sans réfléchir un de ses lignagers, son cousin Grimbert[154].

Le goupil va aussi devoir se défendre dans le cadre d'un duel judiciaire, sujet de la branche VI : Renart n'a pas pu prêter serment du fait de la tromperie du loup qui s'est lié avec l'arbitre. Mais les accusations existant toujours, les deux barons décident, pour en finir, d'avoir recours au duel judiciaire, mode de preuve ordinaire au XIIe siècle, au cours duquel les deux adversaires s'affrontaient en combat singulier. Dieu se tenant du côté du juste, ce dernier ne pouvait que l'emporter.

Lors d'un tel événement, chacune des deux parties devait livrer des otages avant de combattre. Leur rôle était simple : une fois la date du procès fixée, ils étaient emprisonnés jusqu'au jour du duel. Si les deux adversaires se présentaient, les otages étaient libérés. Si l'un ou les deux faisaient défaut, ils restaient en prison. Ils servaient en quelque sorte de garanties personnelles. Là encore, Renart choisit dans son lignage son cousin Grimbert[155]. Il est surprenant de constater que le duel judiciaire existe encore alors qu'il a été officiellement interdit par Louis le Pieux. Cela montre que le

---

[154] *Le Roman de Renart,* Branche V^c, vers 1582-1817.
[155] *Le Roman de Renart,* Branche II, vers 1582-1817.

pouvoir royal était trop faible pour pouvoir imposer ses décisions ou que les mentalités médiévales ne pouvaient accepter un changement aussi radical des pratiques. Néanmoins, toutes ces interventions du blaireau en faveur du renard démontrent bien l'importance, l'utilité et l'effectivité du lignage. Même quand il n'intervient pas directement, un individu pouvait y puiser aide et assistance, en toutes circonstances sans risque d'essuyer un refus ; en effet, si les tiers pouvaient refuser de prêter assistance, il n'en est pas de même du lignage.

Si ce concept offrait de l'extérieur, une image d'union et de solidarité ; en réalité, il était le théâtre de nombreux conflits internes. Pour le constater, il suffit de suivre, par exemple de générations en générations, le destin des Anjous, vrais Atrides du Moyen-Âge[156] : ce fut d'abord la guerre « plus que civile » qui précipita, durant sept années, le comte Foulque Nerra contre son fils Geoffroi Martel ; puis ce fut Foulque Réchin, jetant au cachot son frère ; après l'avoir dépossédé pour, au bout de dix-huit ans, ne le relâcher que fou ; ce furent encore, sous Henri II, les haines furieuses des fils contre le père et enfin l'assassinat d'Arthur par son oncle, le roi Jean[157]. Malgré l'importance du modèle lignager, il n'était pas le seul rouage de la société médiévale. Ce serait sans doute beaucoup déformer les réalités de l'ère féodale que de le placer au centre du système. A l'individu menacé par les multiples dangers d'une atmosphère de violence, la parenté ne présentait plus un abri qui parût suffisant. Elle était pour cela, trop vague et trop variable dans ses contours, minée intérieurement, par la dualité des descendances, masculine et féminine. C'est pourquoi les hommes durent chercher ou subir d'autres liens, qui vont contester l'hégémonie des liens du sang : les liens de dépendance, les liens féodo-vassaliques.

---

[156] Pour une histoire complète de cette famille, voir O. GUILLOT, *Le Comte d'Anjou et son entourage au XIème siècle,* Paris, 1972.
[157] M. BLOCH, *La société féodale, op. cit.,* p. 197.

Chapitre II
Les vicissitudes des liens de dépendance

La notion et la conception de la famille dans l'Europe féodale n'avaient aucune similitude avec la famille restreinte de type moderne : elle était conçue de manière beaucoup plus large ; la solidarité familiale s'étendait au-delà du carcan où le code civil l'a enfermée, c'est-à-dire entre les parents et leurs enfants légitimes. A l'époque féodale, la parenté se fondait sur l'identité de sang. Les termes qui servaient à désigner cette forme de parentèle large étaient assez flottants : on employait souvent le nom de « lignage ». Les liens ainsi noués passaient pour être d'une vigueur extrême ; un mot était caractéristique : pour parler des proches, on disait communément les « amis ». Ce n'est que par un souci d'exactitude que parfois on précisait les « amis charnels »[20] : comme s'il n'y avait d'amitié véritable qu'entre personnes unies par le sang.

On appelait lignage le groupe de personnes unies par des liens de parenté légitime et qui descendaient d'un ancêtre commun. On aurait tort d'opposer au lignage le groupe le plus restreint, consacré en 1804, formé uniquement des parents et de leurs enfants. Descendants d'un même auteur, les enfants appartenaient aussi bien au lignage paternel qu'au maternel. Mais la notion de lignage dépassait les murs de la maison : il comprenait aussi tous les collatéraux qui étaient issus d'un même ancêtre. A la différence de l'agnation romaine exclusivement fondée sur la parenté par les hommes, le lignage s'étendait aussi bien à la parentèle féminine que masculine. C'était un concept juridique très utilisé dans toutes les classes sociales ; mais seules les familles nobles en ont connu une véritable organisation et même une hiérarchie.

En présence d'une famille étendue et aux ramifications certainement multiples, le choix nécessaire de l'ancêtre commun à tous les lignagers, pouvait se révéler être d'une grande complexité. De sa désignation dépendait le nombre

---

[20] Sur la notion d'amis charnels, voir J. TURLAN, « Amis et amis charnels d'après les actes du Parlement au XIVe siècle », *R.H.D.*, 1969, p. 645-698.

A la différence des fabulistes, les trouvères des aventures du *Rouquin* mettent en scène des représentants des espèces animales, auxquels ils confèrent des personnalités nettement définies qui évoluent dans le cadre d'une société organisée où se retrouvent jusque dans le détail les mœurs et les usages de la société féodale. Autour d'un roi, gardien des lois, justicier suprême et défenseur de la paix, se groupent, comme il convient, de nobles barons dévoués à leur maître et toujours prêts à l'assister de leurs conseils et de leurs armes, respectant ainsi leurs devoirs de vassaux.

Les liens de dépendance féodo-vassaliques sont très présents dans le *Roman de Renart*. Au sommet, se trouve le roi Noble, personnage aux multiples visages, qui comme les premiers Capétiens connaît des difficultés pour se faire obéir et respecter. Dans sa tâche, il est épaulé par toute une administration composée de fidèles barons loyaux qui ne sont pas exempts de critiques.

I. Noble : le portrait d'un roi à visage humain

Au sommet de la hiérarchie féodale trône le roi Noble, le lion, qui déjà dans les fabliaux issus de l'Antiquité, jouissait de cette primauté. Comme le roi Arthur dans les romans courtois, comme Charlemagne dans les épopées[158], comme les rois de France du XIIe siècle, il s'impose par sa majesté. Il apparaît toujours au milieu de ses barons qui participent à sa gloire et l'aident par leurs conseils à remplir sa mission. Quand la belle saison revient, rendant les routes praticables, à l'Ascension ou à la Pentecôte, il les mande en son palais, et tandis que les jeunes seigneurs et les dames se livrent aux divertissements mondains, il délibère gravement avec ses fidèles sur les affaires du royaume.

Dans toutes les branches où il apparaît, et malgré la diversité des auteurs, Noble garde à peu près la même

---

[158] Consulter les quatre ouvrages de J. BEDIER, *Les Légendes épiques. Recherches sur la formation des chansons de Geste,* Paris, 1914-1921.

physiomonie. C'est un être réel et vivant, un souverain soucieux du bonheur de son peuple, conscient de ses devoirs, bon juriste, sachant tempérer la rigueur des lois face aux scrupules humains, sans jamais être ridicule, même quand Renart le révolté, s'amuse à ses dépens. Noble pourrait être un Capétien. Comme lui, il est marqué par une ambivalence de sa personne. Comme tous seigneurs féodaux, il possède des pouvoirs de droit commun. Mais il est aussi le roi ; et à ce titre, il dispose de prérogatives exorbitantes du droit féodal. A cette première dualité, il semble que s'ajoute à sa personne une autre dignité particulière.

§1. Noble, un roi féodal

La royauté, au XIIe siècle, avait des caractères qui lui étaient propres ; la monarchie était une fonction[159] orientée dans le but de satisfaire le bien commun. Seul le roi était sacré : ce qui suffit à le distinguer des grands féodaux. Par ailleurs, il avait des prérogatives spécifiques : il ne devait d'hommage à personne[160], il avait un droit de garde général sur tous les établissements ecclésiastiques, le droit de lever l'arrière-ban, celui de faire régner la justice partout et de juger en dernier ressort, ainsi que le pouvoir incertain de légiférer pour tout le royaume.

Malgré ces spécificités, en pratique, les hommes soumis au pouvoir du roi se limitaient à ceux qui étaient « couchants et levants » sur son domaine et sur celui de ses vassaux directs. En d'autres termes, les pouvoirs effectifs des premiers capétiens étaient en fait très proches de ceux des grands seigneurs. A leur image, Noble est un seigneur avec

---

[159] Pour plus de détails, à consulter l'ouvrage de J. BARBEY, *La Fonction royale,* Paris, 1983.
[160] L'idée fut exprimée pour la première fois par Suger vers 1145 : après avoir relevé que le roi était au sommet de la hiérarchie féodale, l'abbé en déduisait qu'il ne devait l'hommage à personne. Pour plus de détails, voir M. BUR, *Suger, abbé de Saint-Denis, régent de France,* Paris, 1991 ; ainsi que l'article de E. BOURNAZEL, *Suger and the Capetians, Abbot Suger and Saint-Denis,* New-York, 1986.

des attributions classiques inhérentes à sa condition dont l'autorité effective ne dépasse jamais les limites de son domaine.

A. Un souverain à l'autorité limitée

Noble est au sommet de la hiérarchie féodale : il est le roi. Toutes les bêtes le respectent ; toutes sauf une, Renart qui n'hésite pas à s'attaquer à son suzerain à maintes reprises, avec le viol de la reine, le non-respect des établissements royaux et des décisions de justice... Le goupil va très loin dans son entreprise en s'attaquant directement à la personne du lion, commettant ainsi, un crime de lèse-majesté :

« *Renars conmence a avaler ; tint en sa main une pieroiche, vit Ysengrin qui si l'aproche ; oiez con il fist grant merveille ! Le roi en fiert jouste l'orelle, por cent mars d'or ne s'en tenist li rois qu'a terre ne venist. Tout li baron i acourirent endementiers qui entendirent.* »[161]

Le respect que la majeure partie des animaux éprouvent à l'égard du lion donne une indication sur l'autorité effective de Noble. On s'aperçoit que s'il est respecté ce n'est pas en tant que roi, mais uniquement comme seigneur, aux prérogatives féodales bien établies.

1) Noble, un seigneur respecté

Même si le statut de roi lui octroie des prérogatives exorbitantes du droit commun féodal, Noble est avant tout un seigneur classique. Il exerce ses prérogatives essentiellement dans son domaine. Au-delà des limites de ce territoire, ses pouvoirs se heurtent aux prétentions des autres seigneurs, dont certains sont bien plus puissants. A l'image des premiers capétiens, Noble n'a véritablement d'autorité qu'à l'intérieur

---

[161] *Le Roman de Renart,* Branche I[b], vers 2197-2205.

du domaine royal où il peut imposer sa volonté à ses nombreux vassaux directs.

La vassalité résultait d'un contrat par lequel un homme s'engageait dans la dépendance d'un autre homme, plus puissant. La formation du contrat, dont le rituel fut juridiquement fixé au début du XIIe siècle, commençait par l'hommage. Le vassal se tenait à genoux, les mains jointes dans celles de son futur seigneur. Ils échangeaient des paroles qui obligeaient : « je deviens ton homme », « je te reçois et prends homme ». Parfois, le seigneur relevant son vassal, lui donnait sur la bouche le baiser de paix. Renart fait une allusion subtile à cette cérémonie dans la branche VII intitulée *Renart mange son confesseur,* lorsqu'il rétorque à Hubert, le milan :

« *Sire, çou respont li houpils, se je vous ai mangié vos fils, je vieng a vous a peneance et si en faisons acordance : por vos enfans que je menjai, vostre home ici en devenrai ; si nous entrebaisons en foi !* »[162]

On peut apercevoir au travers de ces quelques vers, une critique véhémente à l'encontre du pacte féodo-vassalique. Des temps carolingiens jusqu'à la fin du IXe siècle, le principe fut qu'un vassal n'eût qu'un seul seigneur. Mais par la suite, avec la prolifération des liens vassaliques, il n'était plus rare pour un même vassal d'avoir plusieurs seigneurs, d'où naissait une singulière anarchie[163].

Afin de rétablir un peu d'ordre dans les relations, les théoriciens et les juristes ont déployé, très tôt, des efforts pour concilier et ordonner ces pluralités d'engagements, en insistant sur un ou plusieurs éléments de la relation vassalique. Ainsi, naquit la clause dite « de réserve de

---

[162] *Le Roman de Renart,* Branche III, vers 797-803.
[163] Le premier exemple connu de vassalité multiple date de 895 : un certain Patericus était à la fois vassal du comte du Mans et du duc Robert, frère du roi Eudes. J.-L. HAROUEL, J. BARBEY, E. BOURNAZEL, J. THIBAUT-PAYEN, *Histoire des institutions de l'époque franque à la Révolution,* Paris, 1993, p. 123.

fidélité » par laquelle le vassal d'un premier seigneur ne devenait l'homme d'un second qu'en subordonnant son nouvel engagement à celui qu'il avait déjà. D'autres modalités insistaient sur l'hommage et les services qui en découlaient. Ainsi, fut élaborée au milieu du XIe siècle, la distinction entre l'hommage *lige*, impliquant au profit de celui qui en bénéficiait, un service prioritaire, et l'hommage *plain*, aux effets secondaires. Puis, on pensa lier la priorité du service, soit à l'ancienneté de l'engagement, soit à la concession en fief[164].

Tous ces efforts pour établir une hiérarchie des personnes ne furent guère concluants comme le montre l'attitude de Renart, qui n'hésite pas à s'engager à l'égard d'un autre homme, alors qu'il est déjà le vassal de Noble. Malgré la création des concepts juridiques susmentionnés, les vassalités multiples existaient encore au XIIe siècle et visiblement l'engagement d'un vassal à l'égard de plusieurs seigneurs n'allait pas toujours dans le sens de la logique et de l'ordre puisque Renart n'hésite pas à se mettre au service d'une personne dont la puissance est inférieure à celle du roi.

Le rite de l'hommage engendrait entre les deux hommes des obligations réciproques souvent inégales : le seigneur devait protéger l'individu qui s'était confié à lui et lui porter secours, lui procurer de quoi subsister, soit en l'hébergeant, soit en l'installant par une concession de fief. Le plus souvent, la cérémonie de l'hommage s'accompagnait d'un lien réel, consacré par le rituel de l'investiture, acte solennel par lequel celui qui venait prêter hommage et fidélité, était mis en possession du fief par son seigneur. Cette concession contraignante était, à l'époque, généralement une terre. Ainsi, conformément à cette pratique, les vassaux de Noble reçurent un territoire déterminé : Maupertuis fut confié à Renart, Maubuisson à Grimbert et le courtil de Constant des Noes, à la famille de Pinte.

---

[164] J.-L. HAROUEL, J. BARBEY, E. BOURNAZEL, J. THIBAUT-PAYEN, *Histoire des institutions de l'époque franque à la Révolution*, *op. cit.*, Paris, 1987, p. 125.

A partir du milieu du XIIe siècle, grâce aux interventions des théoriciens et autres légistes royaux, il fut admis que tous les seigneurs, vassaux et arrière-vassaux tenaient leurs terres et leurs prérogatives du roi seul. Dans la société féodale où chaque individu était en état de dépendance à l'égard d'un autre, le roi était le suzerain suprême[165]. Les seigneurs ne disposaient, dans leur relation avec le monarque, que du domaine direct. Le domaine éminent restait entre les mains du roi. S'ils manquaient à leurs obligations féodo-vassaliques, leur seigneur ou suzerain pouvait confisquer leur fief en utilisant les procédures de commise ou de saisie. Or depuis la fin du IXe siècle, dans les grandes seigneuries, les princes exerçaient à titre héréditaire et à leur profit les prérogatives de puissance publique[166]. Le développement du système féodal n'a pas changé ces règles et dès le Xe siècle, l'hérédité qui avait accompagné la formation de ces principautés gagna tous les fiefs.

Afin de sauvegarder les droits des seigneurs et assurer la continuité des services dus par le fief, un ensemble de règles successorales a été aménagé : le lien personnel étant rompu par la mort du vassal, le fief devait revenir au seigneur. Il fallut donc concilier l'hérédité des fiefs et la vassalité. Dans un premier temps, le seigneur était totalement libre dans son

---

[165] Cette notion de suzeraineté remontait à la doctrine de Suger, qui avait dégagé deux points : le roi était, tout, d'abord, au-dessus des d'une hiérarchie féodale constituée, au premier degré, par les princes territoriaux qui devaient hommage-lige, c'est-à-dire prioritaire. Ce premier degré était prolongé par les degrés inférieurs, par les arrières vassaux du roi. Ensuite, le roi était au-dessus de toutes les composantes de la hiérarchie féodale et il ne devait prêter hommage à personne. E. BOURNAZEL et J.-P. POLY, « Couronne et mouvance : institutions et représentations mentales », *La France de Philippe Auguste, le temps des mutations,* Paris, 1982, p. 217-234.

[166] La principauté médiévale, avant d'être un territoire, se définissait par un ensemble de droits. De là naissait une complexité infinie : les détenteurs du pouvoir n'exerçaient pas partout, dans l'espace qu'ils gouvernaient, les mêmes prérogatives et les mêmes charges. Pour plus de détails, consulter *Les Princes et le pouvoir au Moyen-Âge,* recueil de la Société des Historiens Médiévistes de l'Enseignement Supérieur Public (n° 28) Paris, 1993, p.40-42.

choix du nouveau vassal ; puis avec l'hérédité des fiefs, peu à peu, le fils eut un droit acquis sur le fief, même si le seigneur gardait toujours, au moins en théorie, le droit de ne pas l'investir. Cela explique que les fils de Renart, principalement Malebranche, héritent du fief[167].

Un autre problème pouvait surgir lorsque, faute d'héritiers mâles, le fief était échu à une femme. Il fut convenu que les filles pouvaient succéder. La femme pouvait être titulaire de seigneurie. Si l'héritière était mariée, c'était son époux qui prêtait hommage et accomplissait les obligations : il devenait ainsi chevalier servant. Si elle ne l'était pas, le seigneur pouvait lui présenter trois candidats parmi lesquels elle devait choisir son futur époux, sous peine de commise ; si elle choisissait elle-même son mari, l'accord du seigneur restait indispensable[168].

Ainsi, dans le roman, il semble que ce soit Pinte le véritable seigneur du courtil de Constant des Noes, en vertu de ses droits héréditaires. En effet, dans sa plainte exposée au roi, la poule déclare qu'elle a eu cinq frères et six sœurs que « *Gerars dou Frasne les passoit* »[169] ; or, Girard du Fresne est un serviteur de Constant des Noes, cela laisse donc présumer qu'ils sont nés au courtil ; et donc que la famille de Pinte est installée dans l'enclos depuis un certain temps.

De plus l'histoire de sa famille semble confirmer nos dires. Les cinq frères de Pinte ont tous été dévorés par Renart. En raison de ce drame, il n'y avait plus, au décès de leurs ascendants, d'héritiers mâles pour succéder au fief ; mais il restait encore sept filles dont cinq furent aussi tuées par

---

[167] *Cf. supra.*
[168] Cela aurait pu jouer en faveur du roi de France, Louis VII, dans sa lutte contre Henri II Plantagenêt. En effet, en tant que duchesse d'Aquitaine, Aliénor était la vassale du roi de France. Apportant le duché d'Aquitaine à son nouvel époux, elle aurait dû demander le consentement de son seigneur. Il est vrai, néanmoins, que la chose était un peu gênante : Aliénor épousait Henri II après l'annulation de son premier mariage avec le roi Louis VII. Il aurait été difficile à une femme de demander à son premier mari de consentir au mariage avec le second.
[169] *Le Roman de Renart*, Branche I^a, vers 326.

Renart[170]. Finalement, ne survivaient plus que deux héritières pour succéder au fief : Coupée et Pinte à laquelle le fief est revenu pour des raisons inconnues. Nous pouvons cependant supposer qu'elle est l'aînée des deux car elle est présentée comme une personne d'une grande sagesse, apanage habituel de la vieillesse. Par contre, rien n'est dit sur les circonstances de son mariage avec Chantecler. On ignore donc si le coq lui fut présenté par Noble, ou si, au contraire, elle était déjà mariée avec lui. Une seule chose est sûre : Pinte est l'héritière du courtil de Constant des Noes mais c'est Chantecler qui a dû prêter hommage et qui doit accomplir les obligations inhérentes au statut de sa femme.

Le coq, en tant que baron du royaume, est bien conscient de ses devoirs de vassaux et le cas échéant, il n'hésite pas, à l'image de Renart, à rappeler à monseigneur Noble les devoirs réciproques qu'impose le pacte vassalique : seigneur et vassal se juraient fidélité[171] et assistance, et s'engageaient à ne se causer aucun tort. Contrevenir à cette obligation revenait à rompre le pacte :

« *Biau sire, sauve vostre grasce, oncques ne fui de tele estrace qui face a son signor contraire, ne chose qui ne face a faire : je suis vostre hon et vous mes sires, de moi ne devés cose dire qui estre me puisse en nuisance.* »[172]

Le vassal, en retour, devait l'assister et le servir de toutes ses forces, avec respect et loyauté, dans un dévouement total et désintéressé, sentiments totalement étrangers à Renart, qui sachant son seigneur isolé, ne le craint pas.

---

[170] *Le Roman de Renart,* Branche I[a], vers 319-331.

[171] Le rituel de la fidélité venait immédiatement après l'hommage. Le vassal relevé jurait sur la Bible ou les reliques des saints d'être fidèle à son seigneur.

[172] *Le Roman de Renart,* Branche II, vers 217-223.

2) *Noble, un seigneur isolé*

Le royaume de Noble doit avoir la même physionomie que le royaume de France à la fin du XIIe et au début du XIIIe siècle. Le domaine royal était réduit à quelques possessions se situant entre Orléans, Senlis et Laon ; le territoire sur lequel le roi exerçait réellement son pouvoir n'allait guère au-delà de ces limites. Même dans cet ensemble, qui correspond à deux ou trois de nos départements actuels, le roi n'avait pas partout la même puissance[173]. A l'intérieur de cette région, appelée encore France mineure, le roi possédait une autorité certaine et une cohorte de vassaux ; la vassalité descendant, dans son ensemble, assez bas dans l'échelle sociale. Il semble que tous les barons présents dans le *Roman de Renart*, soient des vassaux directs habitant sur le domaine royal ou sa périphérie proche. Néanmoins trois personnages, qui ne font qu'une apparition rapide dans le cycle « renardien », attirent l'attention du lecteur : dans la branche V^a, trois animaux non nommés sont cités au détour d'un vers :

« *Li lïons mande le liepart k'il yiegne de la soie part ; li tygres vint et la pantere et Cointeriaus li enchantere li synges qui fut nés d'Espaigne, cil si fu en cele conpaignie.* »[174]

Noble convoque le léopard, le tigre et la panthère à ses côtés. Outre le fait que ces animaux ne sont pas pourvus d'un nom spécifique, ils sont tous de la même espèce animale, c'est-à-dire l'ordre des félins auquel Noble appartient également. En fait, il semble que ces trois animaux représentent de grands feudataires. En effet, félins comme le roi, on peut raisonnablement penser qu'ils ont le même statut et la même puissance que le lion ; ce qui se révèle être exact dans la nature et dans le monde féodal du XIIe siècle. Le

---

[173] Il existait, à l'intérieur de cette agglomération des châtellenies indépendantes et parfois même hostiles telles les châtellenies de Montmorency et de Montlhéry.
[174] *Le Roman de Renart,* Branche V^c, vers 1772-1777.

domaine royal était alors entouré d'îlots hostiles ou indifférents : les comtés autonomes et les principautés (Flandre, Normandie, Bourgogne, Aquitaine, Toulouse). Celles-ci étaient dirigées par des princes ou des comtes qui exerçaient, à leur profit, des prérogatives de puissance publique. Jusqu'au milieu du XIIe siècle, le roi n'était qu'un seigneur féodal comme les autres et ses ambitions politiques se réduisaient le plus souvent aux dimensions de ses possessions. Certains grands feudataires étaient aussi puissants, voire plus riches que le roi. Ils étaient indépendants et apparaissaient comme de véritables chefs d'état.

Depuis le Xe siècle, s'était instauré entre le Capétien et les princes territoriaux un climat d'indifférence totale. Dans l'ensemble, ces derniers n'avaient jamais véritablement perdu le sentiment d'appartenir au royaume et de dépendre du roi : ils participaient en général à la cérémonie du sacre et lui prêtaient hommage et fidélité à cette occasion ; mais n'ayant plus dans la désignation du roi un rôle déterminant depuis la fin de la monarchie élective, ils se désintéressaient d'une royauté qui leur échappait et dont les préoccupations étaient similaires aux leurs. Ils rencontraient rarement le roi auquel ils n'étaient pas pressés d'apporter aide et conseil. Ces grands princes territoriaux ne venaient pas à la cour et ceux qui décidaient de s'y rendre n'étaient jamais ceux des régions plus méridionales[175].

Dans le roman, un autre indice semble confirmer notre hypothèse : ces animaux ne sont pas pourvus d'une appellation propre, à l'inverse des autres barons. Si on considère que les félins sont des grands feudataires, cela peut facilement s'expliquer : si tous les autres animaux ont un nom, c'est qu'ils sont des familiers du roi, des proches qu'il connaît. Le fait que les trois soient juste qualifiés par leur ordre animal signifie que le roi ne les connaît pas vraiment, à l'inverse du lecteur du rouquin, qui, sous les traits du léopard, devine l'identité du vassal du roi de France, visé par le

---

[175] Le duc de Gascogne, les comtes de Toulouse et de la marche d'Espagne ne s'y sont pas rendu une seule fois entre 987 et 1108.

trouvère : il s'agit d'Henri II Plantagenêt, roi d'Angleterre et duc de Normandie dont ce félin était l'emblème.

De plus, les précautions que Noble utilise pour faire venir ces trois animaux à ses côtés sont significatives : le lion ne formule pas directement sa demande. Noble aurait-il peur d'essuyer un refus ? Si les félins étaient bien des familiers du lion, il ne prendrait pas toutes ces précautions, il ordonnerait et ils obéiraient. Il serait inconcevable qu'ils ne répondent pas favorablement à un ordre royal. Le lion n'est donc pas sûr de la réponse. De plus, il les fait venir à ses côtés : c'est-à-dire que le lion considère qu'ils ont la même puissance que lui[176]. Dès lors, on peut raisonnablement penser que tous les animaux qui évoluent dans les contes de Renart, sont des familiers de Noble, à l'exception de la brève apparition de ces trois animaux, qui assistent leur suzerain et seigneur, à chaque fois que le lion fait appel à leurs services.

B. Un suzerain aux prérogatives classiques

Le pacte conclu entre un seigneur et un vassal comportait de nombreux devoirs à la charge du vassal. En échange de la remise du fief, le seigneur disposait sur le vassal d'un très grand nombre de droits et de pouvoirs. Deux de ces prérogatives apparaissent dans le *Roman de Renart*. Tout d'abord Noble, en tant que seigneur féodal, avait le droit de lever l'ost ainsi que le pouvoir et le devoir de rendre la justice.

---

[176] On retrouve dans ces vers, les précautions oratoires que l'empereur Charles le Chauve emploie au pire de la décadence carolingienne, cf. Capitulaire de Quierzy-sur-Oise de 877, art. 9 : « *Et pro hoc nullus irascatur, si eumdem comitatum alteri cui nobis placuerit dederimus, quam illi qui eum eatenus praevidit.* ». Pertz, *Leges*, I, p. 539, cité par E. BOURGEOIS, *Le Capitulaire de Kierzy-sur-Oise,* Paris, 1885, p. 128.

1) *Le droit de lever l'ost*

Les hommes situés dans le détroit d'un seigneur bénéficiaient de sa protection. Dans ce but, le seigneur disposait d'un vaste pouvoir militaire, qui comportait deux aspects bien distincts. En premier lieu, comme tout homme, le seigneur avait la faculté de recourir à la force pour défendre ses droits : dans ce cas-là, il engageait en plus de son lignage, son vasselage. En second lieu, il disposait d'un pouvoir militaire dont la consistance variait suivant les personnes sur lesquelles il s'exerçait : au regard des chevaliers, les prérogatives du seigneur étaient limitativement et soigneusement fixées par le caractère contractuel qui procédait des relations féodo-vassaliques ; et au regard des roturiers, le pouvoir du seigneur avait une contenance beaucoup plus indéfinie.

Le service militaire des vassaux était une obligation découlant du contrat de fief qui se décomposait en deux services principaux : le service de garde[177] et celui d'ost et de chevauchée, qui impliquait des expéditions guerrières à caractère offensif. La chevauchée se faisait dans l'intérêt du seigneur qui la demandait et elle s'exerçait dans la seigneurie ou dans son voisinage immédiat. L'ost, qui ne pouvait être exigé que par les hauts barons, tels que rois, ducs ou comtes, était une expédition de plus longue durée. Le procédé permettait aux hauts seigneurs de convoquer leurs vassaux directs, qui devaient venir personnellement à leur « semonce », puis ceux-ci l'exigeaient de leurs propres vassaux dans l'intérêt du suzerain dont ils relevaient.

Le service d'ost apparaît une fois en tant que tel dans la branche I[a] du roman intitulé *Le siège de Maupertuis* : Renart a bafoué, une nouvelle fois l'autorité royale et le roi décide d'assiéger Maupertuis, pour le capturer. A cette occasion, lorsque le lion ordonne l'ost dans la branche I, il ne laisse pas

---

[177] Le service de garde avait un caractère strictement défensif : il obligeait le vassal à prendre son poste dans un lieu déterminé du château. Ce premier service n'apparaît dans aucune branche du *Roman de Renart*.

grand choix à ses barons, conformément aux exigences du contrat féodo-vassalique qui n'acceptait pas de refus :

« *Diex ! dist li rois, con sui trahis et assotés et esbahis de Renart qui si peu me crient ! Or sai bien qu'a malvés ne tient. Signor, fait-il, or après, tuit ! Veés le la ou il s'enfuit ! Par les iex bieu, s'il vous estort, vous serés tout livré a mort, et cils de vous qui le prendra, tous ses lignages frans sera !* »[178]

Tous les barons et vassaux de Noble, exécutant l'ordre royal, se réunissent afin d'aider leur seigneur à châtier ce vassal renégat. Ce siège est une expédition guerrière à caractère offensif, dans les limites du domaine royal, qui consiste, en l'espèce, à faire tomber la forteresse de Renart :

« *A icest mot se lievent tuit, au castel vinrent a grant bruit, li assaus fu molt mervelleuz, ains nus ne vit si perilleuz ; des le matin jusqu'à la nuit ne cesserent d'assalir tuit la nuit les a fait departir : vont s'ent, si lassent l'assalir. Et lendemain après mengier reconmencent tuit lor mestier. Ains ne se sorent tant pener que pierre en peuissent lever. Bien i fu demin an li rois, que Renars n'i perdi un pois ; ains n'i lassierent un seul jour qu'il n'assalissent a la tour, ains ne le porent empirier, dont on denast un seul denier.* »[179].

Ainsi, Noble mobilise ses barons six mois durant. Dans sa première forme, historiquement, le service d'ost n'avait aucune limite de durée. Ce n'est qu'à la fin du XIe siècle en Normandie et au XIIe siècle dans le domaine capétien, qu'on le borna à quarante jours l'an. Passé le quarantième jour, le haut seigneur pouvait toujours prolonger l'ost, mais les vassaux n'étaient plus obligés de le suivre. Si les vassaux acceptaient, comme dans le roman, le haut seigneur devait alors prendre en charge leurs dépenses d'équipement et de ravitaillement et leur verser une indemnité.

---

[178] *Le Roman de Renart,* Branche I^a, vers 1577-1586.
[179] *Le Roman de Renart,* Branche I^b, vers 1784-1801.

Noble ne dispose pas uniquement de prérogatives militaires ; le lion est aussi un seigneur justicier. La justice apparaît comme l'une de ses prérogatives principales. En effet, à chacune de ses apparitions, il doit régler et apaiser des conflits entre ses barons dont l'instigateur est toujours le goupil.

2) *Le droit de justice*

Les seigneurs féodaux étaient les héritiers des prérogatives des comtes carolingiens : ils connaissaient, avec leur cour, des cas de basse justice et de haute justice.

La basse justice concernait les causes mineures, c'est-à-dire tous les litiges civils, à l'exclusion de ceux concernant l'état des personnes et la propriété, et les infractions pénales punies d'amende. Il n'y a aucun cas de basse-justice dans les récits renardiens. La haute-justice, pour sa part, concernait les causes majeures. Le seigneur qui en bénéficiait avait la plénitude du droit de juger, aussi bien au civil qu'au pénal. Au plan criminel, cette compétence englobait quatre grands cas : l'homicide, le rapt, l'incendie et le vol[180]. Au plan civil, la haute-justice concernant les questions de propriété et d'état des personnes. Ainsi, le vassal relevait, pour ses méfaits graves, de la haute justice, c'est-à-dire celle qui connaissait des affaires criminelles emportant peine afflictive et infamante. Il relevait aussi de la haute justice du seigneur sur les terres duquel il se « couche et lève ». Le roi Noble, en tant que seigneur a juridiction sur les terres composant le domaine royal et il rend la justice au même titre et dans les mêmes formes qu'un seigneur justicier. Tête de la hiérarchie féodale et n'ayant d'autre souverain que Dieu, il est suzerain de ses vassaux immédiats, de ceux qui tenaient de lui un fief titré et se reconnaissaient « ses hommes ».

---

[180] Chacun de ces cas comportait le plus souvent une peine corporelle : les trois premiers étaient généralement punis de mort, le vol quant à lui était assez communément sanctionné par une mutilation, voire par la peine capitale en cas de récidive. *Cf.* J.-M. CARBASSE, *Histoire du droit pénal et de la justice criminelle*, PUF, 2000, p. 95.

Que ce soit pour les cas de haute ou de basse justice, il était admis, au XIIe siècle, qu'on ne pouvait être jugé que par ses pairs. Ainsi, si le roi faisait du tort à l'un de ses vassaux, tous devaient lui rendre justice. Si l'un d'eux violait les accords, s'il troublait la paix ou s'insurgeait, les pairs de concert avec le roi devaient le faire rentrer dans l'ordre. Dans la plupart des affaires, c'étaient eux, réunis en cour des pairs, qui jugeaient seuls. Le seigneur, pour sa part, se bornait à les convoquer à sa cour, à les présider et à leur demander le jugement. Renart, vassal et baron du roi Noble, vivant sur ses terres et ayant son château de Maupertuis dans le « détroit » de sa juridiction, relève de la cour des pairs. C'est devant elle qu'il doit comparaître pour se défendre et pour être jugé, après dues semonces ou citations ; c'est un privilège auquel il a droit.

Or, il ne faut pas se méprendre : Renart va être jugé par une cour formée de ses pairs. Il faut comprendre au travers de cette expression que le vassal d'un seigneur ou du roi était jugé par les autres vassaux dépendant du même maître. Ce n'est donc pas la Cour des pairs royale, qui a servi de modèle au jugement de Renart. En effet, cette cour s'est constituée entre 1220 et 1250 et le nombre de pairs y siégeant ne fut véritablement fixé qu'en 1297[181]. Cette cour composée de six ecclésiastiques et six laïcs, n'était qu'une fiction rappelant les douze pairs carolingiens et n'a, en fait, jamais véritablement fonctionné. La branche I ayant été rédigée en 1179, soit environ 40 ans avant sa formation, il est impossible que cette cour ait pu servir de modèle au trouvère. D'ailleurs constamment, et cela dès sa création, il y eut, à son sujet, un conflit entre les grands et le roi ; le Capétien limitant le plus possible le recours à cette juridiction. A cet effet, les pairs existants ne furent jamais véritablement réunis au complet auprès du roi pour accomplir le rôle juridictionnel qui lui était dévolu : trancher les litiges intéressant l'un d'entre eux ou mettant en cause de puissants personnages. Surtout, la cour

---

[181] Contrairement ce qu'affirme J. GRAVEN, *Le procès criminel du Roman de Renart*, Genève, op. cit, *passim*.

formée par les pairs ne composait jamais à elle seule le tribunal que le roi assemblait pour la circonstance. De plus, son intervention n'était pas toujours utile : en effet, en tant que grand justicier, le roi, en conséquence Noble, avait la possibilité de juger seul et pouvait régler les conflits soit par voie d'autorité ou par décision de justice. Cela apparaît distinctement dans la branche I : lorsqu'Ysengrin et Pinte viennent porter plainte tour à tour contre les agissements de Renart. La plainte est déposée directement auprès du roi :

« *Biax gentils sires, faites moi droit de l'avoutire que Renars fist a m'espousee...* »[182].

« *Quant revinrent de pasmisonz, si con nous en escrit trovons, quant le roi virent asseoir, toutes li vont as piés cheoir, et Cantecler s'agenoilla.* »[183]

Le lion, écoute aussi patiemment les doléances d'Ysengrin dont, en en son for intérieur, il reconnaît le bien-fondé. Il répugne cependant à lui donner satisfaction, sachant que cette solution risque de provoquer des représailles en série et d'engendrer les plus sérieux désordres[184]. Et comme ce seigneur indulgent ne peut débouter simplement le plaignant qui s'obstine, il tente d'apaiser sa rage en lui affirmant que les aléas conjugaux sont la rançon du mariage et qu'ils n'épargnent personne ; la commission d'un adultère est pour le lion, une affaire trop commune et anodine pour mériter un procès[185] :

« *Ysengrin, lassiés dou ester, vos n'i poés rien riens conquester a ramentevoir vostre honte. Musart soy li roy et*

---

[182] *Le Roman de Renart,* Branche Iª, vers 29-31.
[183] *Le Roman de Renart,* Branche Iª, vers 358-362.
[184] Les guerres privées ont été définitivement interdites par une ordonnance de Louis IX en janvier 1258. Mais cette mesure était, même à cette époque, prématurée. En effet, elle ne fut pas observée, bien qu'elle eût été renouvelée à plusieurs reprises.
[185] Pourtant l'adultère était considéré comme étant un délit qui devait être jugé et condamné.

conte, et cil qui tienent les grans cors devienent cous hui est li jours : onques por si peu de damaige ne fisent tel duel ne tel raige. Maint le çoillent a essient, car li parlers n'en vaut noient. »[186]

Cette excuse formulée par le trouvère, pour expliquer le refus du lion d'organiser un procès n'est pas la seule explication possible. En effet, le procès public pour adultère attirait l'attention sur les différents protagonistes, aussi bien sur l'épouse adultère qui a commis la faute que sur le mari qui apparaissait comme un être faible[187]. Il vaut mieux donc garder l'histoire secrète, en évitant un procès qui causerait du tort aux loups. Le lion ne se laisse donc émouvoir ni par les grognements d'Ysengrin, ni par la réaction brutale de Bruyant, le taureau ; il prête une oreille attentive aux raisons alléguées par Grimbert en faveur du goupil et, pour finir, adopte la transaction proposée par Bernard, l'âne archiprêtre : c'est-à-dire qu'Hersent subisse l'ordalie. En faisant tomber la faute sur la louve, le roi évite un jugement où il aurait dû se prononcer contre l'un de ses barons : Ysengrin, le connétable, un de ses familiers ou le goupil pour lequel il semble avoir un faible et qui l'amuse tout en le scandalisant. Les motivations de Noble tendent entièrement vers le respect de la paix universelle : il préfère confondre une épouse infidèle plutôt que de risquer une lutte acharnée entre deux de ses hommes qui ont déjà des sujets de discorde ; des deux solutions, le lion opte pour celle qui préserve la paix publique.

Mais ce seigneur, qui redoute les querelles et pour qui le viol d'Hersent ne mérite pas de troubler la paix publique, est un être sensible et juste qui ne saurait excuser une entreprise criminelle dirigée contre des innocents. Si Renart le séducteur a droit au pardon nuancé, le meurtre de Coupée n'admet pas d'excuses. Le sang appelle le sang et le devoir du roi est de châtier le criminel. Noble va donc recevoir la plainte de

---

[186] *Le Roman de Renart,* Branche I^a, vers 45-54.
[187] *Cf. supra.*

Pinte ; et c'est seul qu'il va prononcer les chefs d'accusation contre le goupil :

« [...] *A vous, as autres souverains, m'en plaing si con faire le doi de l'avoultire et del desroi, del traïson que il m'a faite et de la pais que il a fraite.* »[188]

En théorie, le seigneur justicier avait vocation à juger les affaires, seul ; mais il était habituellement, entouré de conseillers dont les membres formaient la cour seigneuriale. Dans le domaine royal, elle avait un nom particulier : la *Curia regis*[189] ; et d'autres conseillers pouvaient intervenir. Ainsi, dans la branche V[a], Ysengrin vient, de nouveau déposer plainte contre Renart à la cour, toujours pour l'adultère de sa femme et pour les méfaits que le goupil a commis à son encontre. Noble, perplexe, va demander conseil à Musart, le chameau, légat du pape. Ce personnage haut en couleur[190] ne fait pas partie officiellement de la cour du roi, mais il est reconnu pour sa sagesse et le roi très respectueux sollicite son avis pour traiter le conflit qui oppose le renard au loup :

« *Maistres, fait li rois, s'ainc oïstes en vostre terre tel complainte conme en ma terre a l'en fait mainte or volons nous de vous apprendre quel jugement on en doit rendre.* »[191]

La plupart du temps, Noble n'agit pas comme un justicier mais comme un conciliateur. En effet, le conflit entre Ysengrin et Renart donne le plus souvent lieu à des échanges houleux à la cour que Noble organise. Ainsi, dans la branche VI, ce n'est pas lui qui ordonne le duel judiciaire :

---

[188] *Le Roman de Renart,* Branche I[a], vers 407-411.
[189] *Cf. infra.*
[190] *Cf. infra.*
[191] *Le Roman de Renart,* Branche V[c], vers 1175-1179.

« *Renars, dist Nobles, bien as dit, ja çou n'avras contredit. Or diras, nous t'escouterons. Se tu dis bien, nous le savrons.* »[192]

« *Nobles conmande que [Ysengrin] die, n'i a celui quel contredie.* »[193]

Le lion va donner son assentiment au duel, réclamer les otages et fixer la date. En l'espèce si le roi intervient en amont du duel, c'est que ce dernier est obligé de donner son accord : en effet, la paix a été jurée. Le duel, même si c'est un système probatoire reconnu par tous, est avant tout un acte de violence, passible de tomber sous le coup d'une violation de la paix universelle instituée par le lion. En demandant son accord au roi Noble, les belligérants veulent se mettre à l'abri de toutes punitions royales. A cette occasion, Noble décide d'organiser le duel en quinzaine. En fixant un délai relativement long, le roi espère que durant cet intervalle les esprits se calmeront, évitant ainsi au sang de couler. La tentative de réconciliation des deux seigneurs, le jour même du duel, répond à la même finalité ; jusqu'au bout, le roi se veut pacificateur en tentant d'arracher l'aveu du prétendu criminel afin d'éviter toute violence superflue, voire inutile :

« *Signor, fait-il, or en parlés ! Ysengrin premiers apelés, que toue la cause a lui tient. De rien à moi n'en apurtient, et miex voel la pais que la gerre, se vers iaus la poés enquerre.* »[194]

Noble semble donc être un prince territorial respecté de tous ses vassaux. Mais le lion n'est pas un seigneur comme les autres : il a la dignité de roi et dirige un royaume. A l'image des premiers capétiens, ce titre le distingue des grands feudataires et lui donne d'autres prérogatives dont

---

[192] *Le Roman de Renart,* Branche II, vers 605-608.
[193] *Le Roman de Renart,* Branche II, vers 685-687.
[194] *Le Roman de Renart,* Branche II, vers 1091-1096.

certaines peuvent laisser croire qu'il n'occupe pas seulement le trône royal mais qu'il dirige aussi un véritable empire.

§2. Noble, un empereur en son royaume

Noble est un roi incontesté ; mais, lorsque ses barons s'adressent à lui, ils utilisent le qualificatif d'empereur. Ce terme pourrait paraître anodin dans un récit qui est une parodie des romans épiques où Charlemagne était le souverain. Il serait donc normal que le lion, même s'il n'en a pas la fonction, possède le titre. Néanmoins, la lecture de certaines branches du roman, permet de penser qu'il n'est pas certain que le titre d'empereur donné au lion soit purement honorifique. Tout d'abord, si on se fie au récit où Renart accède au trône, on s'aperçoit que le cérémonial ne ressemble absolument pas à celui qui consacrait un roi de France ; certains traits sont caractéristiques d'un couronnement impérial. De surcroît, plusieurs des pouvoirs de Noble sont plus l'apanage d'un empereur que d'un roi.

A. Un roi couronné

On différencie Noble des autres barons uniquement parce qu'il porte une couronne. Ce privilège, nous renseignant sur sa place au sein de la société animale, ne permet pas, à lui seul, de déterminer quelles prérogatives elles lui confèrent. Si dans un premier temps, on croit reconnaître dans le lion, un roi, parfait sosie des premiers capétiens, comme le démontre la mise en place de la régence du royaume ; la succession de Noble, s'apparentant plus à une succession impériale des temps carolingiens, permet de douter sur la nature même du titre et de la dignité du lion.

1) *Une régence royale*

Dans la branche XI, Noble, avant de partir en guerre contre le chameau et ses sbires qui ont envahi une partie du royaume, décide de confier la garde du royaume à Renart. Le lion s'absentant du royaume, il ne peut donc pas s'occuper personnellement de sa conduite. Une personne est donc nommée pour exercer la fonction à la place du souverain : en l'espèce, Renart.

Tout d'abord, il peut paraître surprenant que le lion investisse Renart, gardien du royaume, alors que Brichemer, ayant la charge de sénéchal, a vocation à suppléer le roi en son absence. Mais le sénéchal n'est là que pour remplacer le roi à titre habituel pour de très courtes périodes. Au moment de partir en guerre, Noble ignore la durée de son absence et même s'il reviendra vivant. Le sénéchal n'est qu'un officier de la couronne, dont le statut s'accommode mal avec le prestige de la dignité royale. Le roi est de droit divin. Le gouvernement ne lui appartient pas, il demeure entre les mains de Dieu qui le lui a confié. Cela explique que le roi doit se conduire selon la loi divine. Ainsi, rien n'empêche le monarque de déléguer à nouveau le gouvernement à une personne particulière quand les circonstances l'exigent : c'est particulièrement vrai lorsqu'il s'agit de protéger la chrétienté des attaques des païens ? Noble en partant combattre, va préserver les intérêts de Dieu mais ne pourra pas pendant ce temps, gouverner le royaume donc il délègue à Renart le soin de s'en occuper :

« *Renars, fait-il, se Diex m'aït, movoir nous covient le matin, mais je vous pri por saint Martin que vous ci iluec remanés, ma terre et mon païs gardés, Rovel o vous et Malebranche. Le penon et l'ensegne blanche qui est toute pure de soie portera en l'ost Percehoie ; celui voel je mener o moi et ci iluec remanrés troi et autre barons a plenté qui vous jureront foialté. Tyeberz li cas, ne doutés mie, sera o vos par conpaignie et Ysengrins et sa maisnie qui molt est droite et alignie. Foialté vous jureront tuit voiant moi, a cui qu'il anuit. Et la reïne Fiere aussi gardés bien, que je vous em pri ; Ne puis plus demorer o vous, je la lais a Dieu et a vous.* »[195]

L'acte par lequel Noble laisse le soin de gouverner le territoire ressemble à une régence. Au cours de l'histoire, les dynasties régnantes françaises ne se sont jamais enfermées à l'avance dans un corps de règles constitutionnelles trop rigides[196]. Avec empirisme, elles ont résolu les difficultés au fur et à mesure qu'elles se présentaient ; la solution retenue ponctuellement constituait un précédent pour l'avenir, formant ainsi un véritable corpus de règles coutumières qui s'est imposé au cours des siècles. Le choix du plus proche parent mâle et celui de la reine-mère pour exercer la garde du royaume, ne suffit pas à dégager un statut uniforme des régences ; tout au plus ils fournissent des précédents[197]. Or au XIIe siècle, le roi avait libre choix : ce fut le cas en 1060 à la mort d'Henri Ier, en 1147 quand Louis VII partit en croisade ou en 1226, à la mort de Louis VIII[198].

---

[195] *Le Roman de Renart,* Branche XVI, vers 1946-1968.
[196] Consulter F. OLIVIER-MARTIN, *Les régences et la majorité des rois (1060-1375),* Paris, 1931.
[197] Par la suite, on a admis que la régence, pour cause de minorité de fait du nouveau roi était dévolue selon les volontés du roi défunt ; et en cas d'absence de testament, les circonstances qui se sont déroulés au décès accidentel de François II laissent présumer que la régence revenait au premier prince du sang.
[198] En 1060, Henri Ier, choisit avant de mourir, son frère Baudoin de Flandre pour servir de régent à son fils mineur, Philippe, qui avait déjà été sacré comme *rex designatus*. Son oncle, vassal puissant et loyal, administra le royaume jusqu'à sa majorité.
En 1147, Louis VII partit en croisade et la régence fut confiée à l'abbé de Saint-Denis, Suger, ainsi qu'à deux corégents : l'archevêque de Reims, Samson de Mauvoisin et le sénéchal Raoul de Vermandois. En 1226, à la mort de Louis VIII, emporté par un mal foudroyant, le roi put tout juste, par testament verbal, désigner comme régente sa femme Blanche de Castille, et adjura les seigneurs qui l'entouraient d'être fidèles à son jeune fils. Cette fois, la royauté dut affronter une révolte de grands, conduits par un fils bâtard de Philippe-Auguste, mais la régente fit sacrer à Reims le jeune Louis IX et la coalition des rebelles dut se dissoudre. Pour une évolution synthétique relative aux règles de la régence, voir A. LECA, *Institutions publiques françaises,* PU d'Aix-Marseille, 1994, p. 154.

La régence est une décision grave de conséquences ; le roi a donc confié la régence du royaume à des personnes pour lesquelles il avait une entière confiance. Le risque d'une telle situation est que le régent s'empare du pouvoir et ne daigne pas le rendre à son détenteur initial. Pour cette raison, il paraît surprenant que Noble confie la garde du royaume à Renart qui est indigne de confiance et qui a déjà attenté à la vie du roi. On ne comprend donc pas les motivations qui animent le lion. On sait, néanmoins, que les choix des rois et des empereurs concernant la nomination des régents n'ont pas toujours été très compréhensibles ou logiques à l'image de l'empereur Charles le Chauve qui confia la garde du royaume à son fils Louis le Bègue, auquel il portait une confiance très relative[199] : Charles le Chauve semblait aussi méfiant à l'égard de son fils, que Noble à l'égard de Renart. Mais visiblement, les deux monarques choisissent la personne qu'ils jugent la plus apte à administrer le royaume et optent pour le même système de contrôle du régent : ils l'entourent d'évêques et de barons afin de le surveiller. Mais Noble s'y prend finement. Il promet au goupil que les barons qui resteront à ses côtés lui jureront allégeance ; ce que le goupil ne manque pas de lui demander :

« *Sire, fait-il, vostre plaisir ferai que qu'en doie avenir, mais la foialté des barons vorrai jou car il est raisons.* »[200]

Or parmi les barons qui restent aux côtés de Renart, nous trouvons Ysengrin et tout son lignage, ainsi que Tibert, qui éprouvent peu d'affection pour le goupil[201]. En les laissant à ses côtés, Noble place ses agents pour contrôler Renart et peut partir en toute quiétude.

---

[199] P. RICHE, *Les Carolingiens*, Paris, 1983, p. 227.
[200] *Le Roman de Renart*, Branche XVI, vers 1969-1972.
[201] *Le Roman de Renart*, Branche XVI, vers 1959-1964 : « *Tyeberz li cas, ne doutés mie, sera o vos par conpaignie et Ysengrins et sa maisnie qui molt est droite et alignie. Foialté vous jureront tuit voiant moi, a cui qu'il anuit.* »

Mais le fait que Renart demande à Noble que les barons lui prêtent serment de fidélité rappelle le stratagème imaginé par les Capétiens pour détourner l'élection. Lorsqu'en 987, quelques Grands du royaume, réunis à Senlis à l'initiative de l'archevêque de Reims, écartèrent de la succession au trône le prétendant carolingien Charles de Lorraine, oncle du défunt Louis V, ils prétextèrent que le trône ne pouvait s'acquérir par droit héréditaire. Ils choisirent donc de sacrer à sa place le Robertien Hugues Capet.

Quelques mois plus tard, Hugues, arguant un déplacement à Barcelone pour venir en aide au Comte de Barcelone, assiégé par les Musulmans, fit élire et sacrer son fils Robert qu'il associa immédiatement au gouvernement du royaume. Le fils devenait alors *Rex designatus*. Le père seul régnait comme *Rex coronatus*, mais à sa mort, le *Rex designatus*, ayant été sacré succédait nécessairement. Il en résultait que les Grands devaient lui prêter immédiatement hommage. Cette pratique qui consistait à oindre du vivant du roi régnant son successeur et à préserver les droits de celui-ci devait perdurer jusqu'au règne de Philippe-Auguste.

Or, à la base, ce système de sacre anticipé n'obligeait aucunement le roi en exercice, de choisir comme *rex designatus*, son fils, le principe dynastique étant contesté. Dans la pureté du principe, il avait libre choix ; c'est ce que fait précisément Noble : le lion, *rex coronatus*, désigne Renart comme *rex designatus* avant de partir guerroyer ; et les vassaux de Noble lui prêtent tout de suite hommage et serment de fidélité. Dès lors, à proprement parler il y aurait deux rois : ayant reçu un caractère sacré et indélébile, Renart ne pourrait pas déchoir de la royauté et si Noble meurt, il pourrait se maintenir sur le trône sans difficulté.

Or à aucun moment de la branche XI, Renart n'est sacré. Le lion lui demande juste de veiller sur son territoire, sur ses intérêts et sur la reine. Pourtant, le sacre était considéré comme le rite par excellence de la royauté qui procurait au Capétien sa légitimité. Le trouvère de la branche XI semble considérer que ce n'est pas le sacre qui fait le roi mais les hommes. Seul l'ordre grégorien multiplia les efforts pour rabaisser le roi au rang d'un laïc. Les trouvères, étant pour la plupart des clercs, on peut se demander si le prêtre, créateur de la branche XI, ne faisait pas partie de l'ordre des grégoriens ? Cela pourrait expliquer le refus de sacrer par anticipation Renart et de ne lui accorder qu'un serment de fidélité des autres barons. Il faut avouer que cette explication n'est guère satisfaisante pour tenter de comprendre l'absence de sacre, à moins que comme on l'a déjà pressenti, Noble ne personnifie pas le roi de France mais un empereur, comme le montre les modalités de la succession à la couronne.

2) *Une succession impériale*

Une fois installé aux rênes du pouvoir, Renart ne veut pas se défaire de la couronne et il se fait envoyer une lettre qu'il a lui-même rédigée annonçant la mort du roi et ses dernières volontés :

« *Que dame Fière la roïne pregne Renars por amor fine, delivrement soit de toute la terre rois.* »[202]

Cette procédure ne correspond aucunement à la pratique contemporaine. En effet, à compter de la fin du XIIe siècle, la succession héréditaire était établie de fait depuis la fin de l'alternance Carolingiens-Robertiens. L'hérédité régnant dans les grands fiefs, la longue possession du trône par les Capétiens, passant de père en fils, a créé une légitimité. Mais l'hérédité qui servait à désigner le titulaire de la couronne, comme auparavant l'élection, ne suffisait pas à établir son pouvoir et à justifier sa souveraineté : le sacre et l'accord des grands étaient toujours nécessaires. L'auteur évoque des problèmes juridiques relatifs à la couronne qui ne se sont pas encore posés à l'époque où il écrit : le lion est censé être mort en laissant une femme et aucune descendance, organisant lui-même sa succession ; acte qui laisse présumer que Noble

---

[202] *Le Roman de Renart,* Branche XVI, vers 2381-2384.

personnifie certainement un empereur des temps carolingiens plutôt qu'un Capétien.

a) Les modalités d'une succession impériale

L'enfant royal n'apparaît dans le roman que très tardivement : en effet, le lecteur apprend que le couple royal a eu un fils, au détour d'un vers de la branche XVII, rédigée aux environs de 1205, intitulée *Le partage des proies*[203]. Dans la branche XI, créée entre 1195 et 1200, les trouvères n'ont pas encore donné un héritier au roi. En présence d'une telle situation, on ignore à qui la couronne devait être dévolue, du fait que la seule règle successorale, dégagée en 1027, c'est-à-dire la succession au trône en ligne masculine par ordre de primogéniture[204], est inapplicable en l'espèce. Au XIIe siècle, « le miracle capétien » explique que l'on ne se soit jamais posé la question de la succession ; l'auteur envisage ici ce qui n'est encore qu'une hypothèse d'école : la mort d'un roi sans descendants ni ascendants, ni collatéraux connus.

En présence d'un tel cas, la seule solution plausible aurait été le retour à l'ancienne pratique de l'élection : les barons se seraient réunis pour choisir une nouvelle branche régnante ou du moins un nouveau monarque. En effet, l'élection a triomphé avec l'accession au trône de Charles le Chauve et a perduré jusqu'au règne d'Hugues Capet. Le clergé et les grands étaient d'accord pour employer l'élection pour désigner le roi. En principe, c'était le peuple, à travers les

---

[203] *Le Roman de Renart,* Branche XVII, vers 1288-1293 : « *Et vostre filz qui mais n'alete, qui awan a esté secrés, aura, se ensi le volés, a son mengier ce veelet qui est tenres et est de leit : n'aura encor huit jors demain !* »
[204] Robert le Pieux eut un premier fils, Hugues, qu'il fit sacrer jeune ; celui-ci mourut quelques années plus tard ; il restait deux enfants au roi. La reine Constance avait une préférence pour le cadet mais Robert, conseillé par l'Episcopat, décida qu'il fallait s'en tenir à l'ordre des naissances et il fit donc sacrer le plus âgés des deux, Henri.

barons, qui choisissait. En réalité, il y avait une entente entre les Grands et le Clergé, puis l'archevêque de Reims[205], « élisait le roi », et les assistants au sacre l'acclamaient. La royauté n'était pas héréditaire et le principe de l'élection, même si ce n'était qu'un simulacre, fut maintenu jusqu'au début du règne de Philippe-Auguste ; mais afin de parer toutes contestations, le roi fit généralement élire et sacrer son fils de son vivant.

Néanmoins, dans le roman, le trouvère semble opter pour un autre système : contre toute attente, Fière, une fois qu'elle a pris connaissance de la lettre, déclare aux barons présents :

« *Bial signor, puis que il le mande, faire m'estuet çou qu'il conmande quant je voi qu'autrement ne puet et li roiaumes de moi muet, miens est et bien le doi avoir. Mais or vorroie jou savoir se Renars le voelt otroier.* »[206]

Hormis le fait que Fière veut certainement garder sa position sociale et son statut de reine, la lionne estime que le royaume dépend d'elle. A cette époque, le trouvère était en droit de penser qu'une femme, ayant la capacité de succéder aux fiefs, pouvait succéder au royaume[207]. Ce n'est qu'en 1316, à la mort de Louis X le Hutin qu'il fut décidé autoritairement que la femme ne pouvait succéder à la couronne de France qui passait à un autre héritier issu d'une branche de la famille à laquelle appartenait le roi défunt[208].

---

[205] Depuis Hincmar de Reims, le sacre était normalement le privilège personnel du métropolitain de Reims, même s'il pouvait se dérouler ailleurs que dans cette cité et s'il fut parfois revendiqué et administré par l'archevêque de Sens, notamment en 888 et 923. A partir du XIe siècle, il est devenu, sauf exception, le privilège réel de l'Eglise de Reims. Désormais, ce fut l'archevêque consécrateur qui élisait le roi, après que celui-ci ait prononcé la promesse l'engageant vis-à-vis de l'Eglise et des princes du siècle.
[206] *Le Roman de Renart,* Branche XVI, vers 2387-2393.
[207] Par exemple, personne n'a contesté le fait qu'Aliénor succède à son père, Guillaume X, au duché d'Aquitaine, en 1137.
[208] Cette prise de position fut plus politique que juridique : en 1316, Louis X le Hutin, l'aîné des fils de Philippe le Bel, mourut. Il laissait à sa

Un problème demeure cependant : Fière n'est pas la descendante de Noble, mais sa femme : on n'a jamais vu dans l'histoire de France, une épouse de roi hériter du royaume[209]. Pourtant la lionne estime que la destinée du pays repose sur ses épaules : comment expliquer cet état de fait ? Il faut, tout simplement, assurer la continuité royale. Seule Fière est capable d'assurer la liaison entre l'ancien roi et le nouveau : elle était l'ancienne reine et elle va devenir la nouvelle. Elle représente le seul élément de permanence entre les deux rois, à une époque ou on n'a pas encore théorisé sur la notion de continuité royale[210]. En tant que reine veuve (ou reine douairière selon l'expression consacrée), Fière garde une dignité qui la lie encore au royaume. Ce qui permet de dire à Fanny Cosandey, dans son ouvrage, qu'après la mort du roi :

---

succession une fille Jeanne et une femme enceinte. Il fallait attendre la naissance de l'enfant et, pendant ce temps-là prendre des mesures pour assurer le gouvernement du royaume. L'aîné des frères du roi, Philippe le Long, s'auto proclama régent du royaume et convoqua une assemblée de prélats pour étudier la situation. Il fut décidé que Philippe serait régent jusqu'à la naissance de l'enfant. Si l'enfant était un fils, il resterait régent pendant sa minorité ; et si la reine accouchait d'une fille, Philippe serait roi. L'enfant qui vînt au monde fut un fils qui mourut cinq jours plus tard. Philippe se fit aussitôt proclamer roi, sur la base d'arguments politiques : on considérait qu'il fallait que ce soit un homme qui gouverne et le royaume, disait-on, ne devait pas tomber en quenouille. Pour une étude approfondie des circonstances, voir J.-F. LEMARIGNIER, *Cours d'histoire des institutions et des faits sociaux,* Paris, 1959-1960, p. 466-468.

[209] Par contre, à Constantinople, Irène a, en quelque sorte, hérité de l'Empire byzantin de son mari Léon IV, décédé en 780. Dans un premier temps, elle régna au nom de son fils, le jeune Constantin VI. Mais en 797, l'impératrice fit aveugler son fils et usurpa le pouvoir qu'elle exerça en son nom.

[210] Les théoriciens ont dû répondre à la question de savoir à quel instant le roi devenait roi ? Etait-ce lors du sacre comme il résultat de l'attitude de Jeanne d'Arc, qui a fait sacrer le dauphin Charles à Reims ; ou bien était-ce à la proclamation de la mort du roi précédent ? Il fut décidé en 1403 que le roi devenait roi à la mort de son prédécesseur, d'où est naît l'adage que le roi ne mourrait pas en France. Cet adage a connu une suite dans le rite de la proclamation : *Le roi est mort Vive le roi*. Ce rite signifiait qu'à l'instant même où les sujets apprenaient la mort du roi, un autre roi lui succédait déjà.

« La reine ne brille plus d'une lumière empruntée, mais d'une lumière conservée. »[211]

La reine acquiert par son mariage avec le roi, une dignité particulière qu'elle conservait à son veuvage : le titre royal en constituait la preuve, elle restait reine jusqu'à sa mort. L'acquisition de la dignité était donc définitive, sauf en cas de divorce. Dans la mesure où la dignité royale de la reine découlait de l'union contractée avec le roi, elle était représentative de la souveraineté de l'époux, et donc de son autorité vive. Associée au roi, la reine, accompagnait les actes de ce dernier, et, toutes ses actions avaient un caractère politique. Veuve, la reine conservait sa dignité en mémoire du défunt. C'était en quelque sorte une dignité du souvenir, et comme l'illustration vivante de la grandeur du roi qui se continuait et se maintenait chez sa veuve[212]. La souveraineté étant réservée au couple royal, la reine, parce qu'elle était mariée au roi, qu'elle était la mère du futur roi a un rôle à jouer dans la destinée du royaume. Parce qu'elle conservait son titre royal après la mort de son défunt mari, jusqu'à l'accession au trône d'un nouveau couple royal, elle estimait être liée à la destinée du royaume, dont elle assurait la continuité jusqu'à la proclamation du nouveau roi. Ainsi, Fière, en proclamant que la destinée du royaume reposait sur ses épaules ne fait que matérialiser cette conception sur le rôle de la reine douairière, après la mort de son époux. Il reste que ce devoir de continuité royale semble relativement théorique car Fière ne fait que se conformer aux dernières volontés de son époux, transcrites dans la lettre amenée à la cour.

D'ailleurs cette lettre, prétendument écrite par Noble et qui organise concrètement la succession de la couronne pose un autre problème. Il y est inscrit que la reine doit épouser Renart, auquel il enjoint de devenir le nouveau roi. Le lion

---

[211] F. COSANDEY, *La reine de France,* Paris, 2000, p. 88.
[212] Pour une étude détaillée du symbole et des pouvoirs de la reine de France, consulter l'étude de F. COSANDEY, *La reine de France, op. cit.*

investit lui-même Renart comme son héritier mais le roi de France pouvait-il, au XIIe siècle, disposer de la couronne comme Renart, le fait faire à Noble ? Là encore, le problème ne s'est posé que très tardivement, avec le Traité de Troyes en 1420[213]. On a décidé, que la couronne était indisponible : c'est-à-dire qu'on ne pouvait assimiler la succession au trône à une succession de droit privé[214]. Néanmoins, Noble choisit lui-même son successeur comme le faisaient n'importe quels grands feudataires[215] ou les empereurs romains ou byzantins. En effet, comme on l'a déjà vu, les évènements décrits dans le *Roman de Renart*, rappellent ceux qui se sont déroulés en 877, lorsque Charles le Chauve partit en guerre pour neutraliser les Normands et qu'il confia la régence à son fils. Le dernier empereur carolingien y perdit la vie. Si les évènements retranscrits par le trouvère traitent des derniers moments de Charles le Chauve, on assiste donc à une succession impériale et non royale ; Noble personnifiant, à cette occasion, un véritable empereur des temps carolingiens et non le roi de France.

Si le lion n'est pas roi mais empereur, comme on peut le penser, les problèmes relatifs à la transmission de la couronne

---

[213] Charles VI, devenu fou et poussé par sa femme, Isabeau de Bavière, signa le traité de Troyes en 1420. Par cet acte, il était stipulé qu'à la mort du roi, la couronne passerait au roi d'Angleterre, Henri V, ou à ses héritiers. Le traité précisait qu'Henri épousait la fille du roi Charles VI, Catherine. Le dauphin Charles se trouvait donc évincé de la succession. Le parlement consulté rendit un arrêt favorable qui déclara Charles indigne de succéder. Grâce à l'intervention de Jeanne d'Arc qui fit sacrer Charles à Reims, l'opinion populaire se rallia au roi et l'œuvre du Traité de Troyes s'est trouvé *de facto* annulé. Pour plus de détails sir le cours des évènements voir J.-F. LEMARIGNIER, *Cours d'Histoire des institutions et des faits sociaux, op. cit.*, p. 470-475.

[214] L'office royal est un office public dont le roi ne jouit qu'à titre viager, dont il ne peut modifier les règles de dévolution. Le roi ne tient pas la couronne de son père mais de la coutume. Un roi ne peut donc pas exhéréder son fils, car il n'est pas le propriétaire de la couronne : il en est seulement le gardien, l'administrateur et le dépositaire.

[215] Par exemple, en 1137, lorsque le duc d'Aquitaine Guillaume X meurt en pèlerinage à Compostelle, il confie par testament sa terre et décide de marier sa fille unique Aliénor au futur roi Louis VII.

et au testament écrit sont résolus : la couronne se transmet comme à Rome et à Byzance où il n'y avait pas de règle de succession. Cela dérivait de la théorie providentielle : on ne pouvait pas lier la volonté de Dieu par une règle. L'Empereur pouvait prendre le droit de désigner lui-même son successeur ; et il associait, comme à Rome, son successeur désigné au pouvoir qui prenait le nom de Nobilissime, César ou Auguste. Faire de Noble un empereur permet d'expliquer les évènements qu'on a qualifiés de régence. En réalité, avant de partir en croisade Noble ne nomme pas Renart régent du royaume mais il le désigne comme étant son successeur. Renart devient donc le César ou l'Auguste de Noble, appelé à lui succéder s'il meurt. La lettre que le goupil fait passer pour le testament de Noble ne vient que pour le conforter dans sa position d'héritier.

Noble disposerait donc de la couronne comme le ferait n'importe quel empereur romain ; présomption que va confirmer la cérémonie d'intronisation : la description du cérémonial qui fait de Renart un nouvel empereur semble plus s'apparenter à un couronnement impérial qu'à un véritable sacre.

b) Le cérémonial d'un couronnement impérial

Le roman ne présente pas la cérémonie qui a établi Noble comme roi. On assiste par contre dans la branche XI, au couronnement de Renart qui devient ainsi le nouveau roi. On peut en déduire que le rituel fut le même pour Noble :

« *Lié et dolant sont li baron : por çou c'ont perdu le lïon sont dolant et lié d'autre part quant il ont signor Renart. Tantost sans plus de demorance fu faite d'iaus deus la fiance. Grant joie font par le palais, chançonnetes sonent et lais cil jongleor en lor vïeles, carolent damez et puceles : grant joie font toutes et tuit, molt dormirent poi cele nuit. A l'endemain sans demoree a Renars la dame espousee, et se li ont fait fiaulté trestuit li baron dou regné. Une corone d'or de Frise li ont de sus son chief asise, ceptre li baillent paint a flor : molt sambla bien emperor. Et li baron juré li ont que tot partot li aideront se li avoit d'iaus nul besoing.* »[216]

Au cours de la cérémonie, Renart reçoit deux des insignes royaux : la couronne tout d'abord, qui rehaussait la majesté et qui symbolisait l'autorité suprême du monarque. Celle que Renart reçoit est une couronne de Frise qui ne ressemble en rien à celle utilisée durant la cérémonie du sacre[217]. Historiquement, les souverains médiévaux ne portaient pas cette couronne, ils lui préféraient une couronne ouverte constituée d'un tour de tête orné de quatre fleurons en forme de fleurs de lys[218], souvent inégaux et alternés. Cette couronne rappelle la couronne de Frise de Renart.

Ensuite, on remettait au roi le sceptre, signe de son pouvoir et de sa puissance. Apparu à l'occasion du sacre de Charles le Chauve en 869, il représentait un long bâton de commandement que le roi tenait dans sa main droite dès le sacre, puis à l'occasion de toutes les cérémonies. Les décors les plus divers l'ont orné à son extrémité et en premier lieu la fleur de lys : là encore cela rappelle le sceptre décoré de fleurs de Renart.

Autant d'indices qui permettent de penser que Noble occupe la place de roi. Mais d'autres éléments permettent d'en douter : Renart ne reçoit que deux des *regalia*. Pendant la cérémonie du sacre, le futur roi recevait d'abord l'anneau, gage de l'alliance avec son peuple ; l'épée, afin de combattre

---

[216] *Le Roman de Renart*, Branche XVI, vers 2397-2419.
[217] O. GUILLOT, A. RIGAUDIERE, Y. SASSIER, *Pouvoirs et Institutions dans la France médiévale*, t. 2, Paris, 1994, p. 42 : « La couronne de sacre, dite « couronne de Charlemagne » est très lourde. Ornée de perles et de pierres précieuses, elle pèse environ 3,7 kg. Pour cette raison, elle n'était portée que le jour du sacre et seulement jusqu'à la communion, moment où on lui substituait, comme pour les diverses cérémonies, une couronne beaucoup plus légère. Depuis le règne de Louis VII, la couronne du sacre comportait une haute coiffe de soie à l'imitation de la tiare pontificale afin de symboliser l'état de monarque qui devait se rapprocher le plus possible de l'état ecclésiastique. »
[218] Charles VII porta, ultérieurement, le nombre de fleurons à huit.

pour la paix et contre les ennemis de la foi ; puis il recevait la couronne et le sceptre. Or Renart ne reçoit que les deux derniers insignes royaux. De plus, il semble recevoir l'hommage et les serments de fidélité avant son couronnement, alors que ceux-ci ne devaient intervenir qu'à la fin de la cérémonie durant lesquels les barons promettaient de lui porter secours en cas de besoin. Mais surtout le rituel décrit par le roman ne comporte pas de sacre.

Dès l'avènement d'Hugues Capet, le sacre a recommencé à faire le roi ; il était redevenu le rite constitutif qu'il était aux temps carolingiens. Le sacre procurait au roi sa légitimité. Par le miracle renouvelé de l'onction, Dieu élevait le roi au-dessus des autres mortels ; il lui conférait une aura mystérieuse qui le plaçait en position d'arbitre. Comme dans le passé, le roi était chargé de gouverner le peuple de Dieu, par la recherche de la paix et de l'autorité publique. L'onction du sacre faisait de lui l'élu de Dieu et le constituait pleinement dans sa fonction régalienne. Or, Renart ne reçoit aucune onction, il est simplement couronné ; Noble ne peut donc pas représenter le roi de France, seul seigneur sacré. Il semble que le trouvère de la branche XI décrit un couronnement impérial, imitant celui de Charlemagne, et non la cérémonie de sacre.

Lorsque le 25 décembre 800, le pape Léon III, couronna Charlemagne empereur, ce ne fut qu'un couronnement qui conféra une dignité supplémentaire et qui le fit passer de patrice des Romains à empereur. Ce titre lui reconnaissait le pouvoir temporel sur l'empire chrétien d'Occident et sa souveraineté sur Rome. Par le couronnement impérial, on est passé d'une situation de fait à une situation de droit. Le cérémonial retenu était calqué sur celui de Constantinople ou l'empereur apparaissait comme l'homme désigné par Dieu. L'Etat s'incarnait en lui. Il avait une mission providentielle. L'empire était universel et devait, par nature, assurer la monarchie chrétienne universelle. Telle était la mystique sur laquelle reposait le pouvoir impérial. Ceci peut expliquer l'absence d'une règle précise de la succession de l'Empire. La volonté de Dieu s'exprimait par le consentement unanime du peuple et de l'armée : il y avait d'abord la désignation par le sénat, puis l'élévation sur le pavois par l'armée et l'acclamation par le peuple. Les soldats remettaient à l'empereur le collier d'or. Mais après l'extinction de la dynastie théodosienne en 453, les empereurs ressentaient le besoin d'un nouveau rite pour confirmer leur pouvoir : le couronnement par le patriarche finît par devenir la cérémonie essentielle. Dès la fin du Ve siècle, on finit par ne plus considérer comme légitimes que les empereurs couronnés par le patriarche. La cérémonie n'avait, d'ailleurs, pas lieu forcément dans une église.

Or, lors du couronnement de Charlemagne, une entorse importante fut apportée à ce cérémonial : à Constantinople le rôle du patriarche byzantin restait secondaire ; à Rome, en revanche, le Pape prit l'initiative, en couronnant Charles « empereur des romains », de « faire l'empereur »[219]. Le nouvel élu se montra d'ailleurs fort mécontent du déroulement de la cérémonie : Charles n'entendait pas dépendre de la papauté et jusqu'à sa mort, il va s'efforcer de corriger le sens de cette cérémonie. Ainsi, le 11 septembre 813, peu avant sa mort, il couronna à Aix-la-Chapelle son fils Louis le Pieux, signifiant ainsi au pape qu'il n'avait pas à intervenir dans cette cérémonie toute laïque. Cette conception ne survivra pas à Charlemagne, puisque Louis le Pieux redonnera au pape l'initiative de faire l'empereur.

---

[219] Le faible Léon III succéda au pape Hadrien sur le trône pontifical. Ce pape d'origine modeste était en butte à l'aristocratie romaine, et très tôt, il eut besoin de la protection de Charles. En 799, Léon III fut accusé d'actes « criminels et scélérats ». Victime d'un attentat à Rome, il se réfugia sous la protection du roi des Francs. Ce dernier fit raccompagner le pape par des comtes et des évêques à Rome, et demanda que l'on entreprenne une enquête sur les accusations portées contre le descendant de Saint-Pierre. Bien que certains aient affirmé que nul n'avait le droit de juger le Siège apostolique, Charles obligea Léon III à se soumettre à un serment purgatoire à la façon germanique et à se déclarer innocent. Cette cérémonie fut très humiliante pour le pape, qui pour l'effacer reprit l'initiative concernant le couronnement impérial de Charles, qu'il prépara à sa façon ; c'est-à-dire en inversant l'ordre du rite byzantin. Pour plus de détails, voir P. RICHE, *Les Carolingiens, op. cit.*

La cérémonie du couronnement de Renart rappelle le rite de Constantinople : tout d'abord, Renart n'est pas couronné par un clerc mais par Tibert et Grimbert qui sont des laïcs. Les trouvères semblent vouloir respecter la volonté de Charlemagne et suivre scrupuleusement le cérémonial byzantin. Le serment des barons se fait avant le couronnement et non après ; le couronnement *stricto sensu* était le dernier acte de la cérémonie. En amont, le futur empereur devait être investi d'abord par le Sénat, détenteur de la souveraineté du peuple ; puis par l'armée qui devait montrer son accord avec le choix du sénat ; tout comme le Sénat symbolisait le peuple romain, les grands feudataires représentaient le peuple franc. En prêtant hommage à Renart, avant la cérémonie du couronnement, les barons ne font pas que constater un fait, ils l'investissent successeur légitime de Noble : ils le désignent comme le Sénat impérial le faisait avec l'empereur. De plus les barons étant aussi des chevaliers et des vassaux devant le service militaire, en prêtant hommage à Noble avant le couronnement, ils représentent aussi l'accord de l'armée.

Noble tient plus d'un Empereur romain ou carolingien que du roi de France. Le lion couronné et non sacré, dispose de la couronne comme bon lui semble. Ce premier constat se trouve confirmé par la nature et le contenu de certains pouvoirs dont dispose le lion, qui ne ressemblent pas, pour certains, aux prérogatives du Capétien au XIIe siècle.

B. Des prérogatives exorbitantes de droit commun féodal

Noble, de par sa dignité royale, dispose de certaines prérogatives particulières qui étaient pour la plupart d'entre elles, inconnues des autres seigneurs. L'exercice de ces prérogatives se traduit par l'instauration de la paix universelle et la levée de l'ost féodal qui prend la forme d'une guerre sainte que seul un empereur pouvait ordonner.

1) L'instauration de la paix universelle

Noble a imposé la paix universelle dans tout le royaume. La promulgation de cet établissement royal est la seule différence notable avec le Capétien : le lion a réussi là où le roi a échoué. En effet, le roi tenta, à partir de la seconde moitié du XIIe siècle de substituer la paix du roi à celle de l'Eglise ou des princes, s'efforçant ainsi de mettre fin aux multiples guerres privées et seigneuriales. Mais pour imposer une paix généralisée, il fallait au minimum, disposer d'un embryon de puissance publique et le roi devait avoir en sa possession des moyens contraignants afin d'en exiger de ses vassaux un respect total, et en cas de violation, les punir. En 1179, Louis VII ne possédait pas encore ces moyens de contrainte ; il lui était donc impossible d'instaurer une paix universelle durable, du moins dans tout le royaume. En fait, le roi pouvait exercer uniquement son influence et ses pouvoirs dans le domaine royal, où il pouvait se permettre comme n'importe quel seigneur d'imposer sa volonté à ses vassaux directs. Le Capétien a, néanmoins, tenté de mettre un terme aux guerres privées et seigneuriales. En 1155, il a pris une ordonnance instaurant officiellement une trêve pour dix ans dans tout le royaume[220]. Mais ce texte n'a eu qu'une portée limitée.

En effet, pour que la mesure reçoive pleine application, il fallait nécessairement l'accord de tous les barons présents, conformément à la procédure d'adoption des établissements royaux. Aux Xe et au XIe siècle, on parlait du « ban royal », comme à l'époque carolingienne.

Le roi de France n'a eu que tardivement un réel pouvoir de légiférer, seul, c'est-à-dire guère avant la fin du XIIIe siècle. En fait, ce pouvoir de commandement était double : il y avait d'abord les établissements pour le domaine et les établissements destinés au royaume. Le roi n'avait pas, en fait, le pouvoir de prendre des mesures à caractère général.

---

[220] Ordonnance de Soissons du 14 juin 1155, *Sources d'histoire médiévale*, Paris, 1992, p. 142-143.

Ce ne fut, qu'à partir du milieu du XIIe siècle que ce pouvoir royal réapparut, mais sous conditions : la décision royale devait être établie pour le commun profit, elle devait présenter une utilité pour tout le royaume et elle devait être prise en « grand conseil » ; le Capétien devait réunir tous les barons qui donnaient ou non leur assentiment à la décision royale. C'était uniquement parce qu'ils donnaient leur accord qu'ils étaient tenus d'y obéir. Ceux qui accordaient leur assentiment, se voyaient contraints d'appliquer la mesure dans leurs terres. L'établissement existait du fait de la volonté du roi, mais les barons n'y obéissaient que s'ils y avaient donné leur adhésion. Ce système législatif n'était pas exempt de critiques ; et Renart, vassal rebelle, n'hésite pas à en exposer les limites à la mésange, dans la branche II :

« *Dame, les trives sont jurees et plevies et afies, la pais faite de tot en tout, mais ne le sevent pas partout : ce sont chaail qui ici vienent, qui la pais que lor pere tienent n'ont encor pas aseüre si con lor pere l'ont juree ! N'erent pas encor si saige, a cel jor que lor parentaige jurerent la pais a tenir, que on les i feïst venir.* »[221]

De plus, certains vassaux pouvaient être absents au jour où le grand conseil se réunissait. Ceux-ci avaient la possibilité de ratifier par la suite l'acte. Mais pendant ce temps, l'établissement ne s'appliquait pas dans la seigneurie de l'absent qui n'avait pas pu le ratifier.

Le roi avait-il la force et l'autorité nécessaires pour condamner un baron qui avait donné son assentiment mais ne respectait pas le texte ? Que se passait-il lorsque l'acte était consenti par un vassal qui mourrait par la suite et dont l'héritier refusait son application ? C'est en ce sens qu'il faut comprendre les paroles de Renart : les jeunes chiens ne sont pas au courant de la paix universelle parce qu'ils n'ont pas été associés à l'acte. Ne l'ayant pas jurée eux-mêmes, ils ne s'estiment pas liés par l'assentiment donné par leur

---

[221] *Le Roman de Renart,* Branche VII^a, vers 577-588.

prédécesseur et ne l'appliquent donc pas. Dans une telle situation, si le descendant du défunt vassal refusait d'appliquer l'engagement pris par son père, le roi de France avait-il le pouvoir de le contraindre ? La vassalité étant l'engagement personnel d'un individu à en servir un autre, la mort rompait ce lien et en théorie le fief consenti – le lien réel – revenait au seigneur. On a tenté de concilier l'hérédité des fiefs et la vassalité et on a abouti à un système où le fils du défunt vassal eut un droit acquis sur le fief, même si le seigneur ou le roi gardait en théorie le droit de ne pas l'investir. Mais en pratique, le refus d'investiture se présentait rarement. Ce n'était pas dans l'intérêt du roi de France qui, au contraire, cherchait à multiplier ses vassaux directs, pour retrouver son ancienne puissance. Ce n'est que lorsqu'il eut retrouvé une puissance suffisante qu'il put leur ordonner l'application de l'établissement royal, sous peine de saisie ou de commise du fief. Bien évidemment, cela se passait différemment dans le domaine royal, le roi ayant la puissance nécessaire, comme tous seigneurs, pour imposer à ses vassaux directs, une mesure comme la paix et la faire respecter.

Cette situation se présenta en 1155 : certains grands feudataires étaient absents : c'était le cas d'Henri II Plantagenêt qui détenait près de la moitié du royaume[222]. Les dispositions de l'ordonnance s'appliquèrent uniquement dans les possessions du roi de France et aucunement dans les domaines des Grands, absents lors de l'adoption de la paix. Il était encore prématuré de vouloir imposer la paix et la justice du roi sur tout le territoire du royaume. Il a fallu attendre une ordonnance de Louis IX, en 1258, pour que soit proclamée l'abolition de toutes les guerres privées dans le royaume. Mais cette paix générale représentait, pour les trouvères comme pour l'ensemble de la population, un idéal à atteindre.

---

[222] J. BOUSSARD, *Le Gouvernement d'Henri II Plantagenêt,* Paris, 1956. Pour une étude plus récente, voir M. AURELL, *L'Empire des Plantagenêt 1154-1224,* éd. Perrin, 2003.

Il n'est donc pas étonnant de les voir concrétiser leurs espoirs dans leur poème.

Avoir réussi à imposer à ses barons le concept d'une paix généralisée et durable prouve l'autorité d'un roi sur ses vassaux qui n'hésitera pas à châtier tout individus qui romprait la paix ou tenterait de la rompre. La véhémence, avec laquelle il répond à Ysengrin qui menace de mener une guerre contre Renart en est une preuve :

« D'autre part la pais est juree et en ma terre est afiee. Cui le fraindra, s'il est tenus, molt sera malement venus »[223].

Noble n'a pas qu'une simple autorité sur ses barons : il semble aussi posséder les moyens matériels de la faire respecter. En effet, lorsque le lion apprend que le chameau et ses sbires ont envahi une partie de son royaume, il parvient à lever l'ost féodal, se faisant obéir de tous ses barons qui viennent l'assister dans la défense du royaume.

2) *La levée de l'ost féodal*

En tant que chef de guerre, le roi pouvait lever l'armée féodale (l'ost) mais il pouvait aussi proclamer le ban et l'arrière-ban (la levée des hommes libres), pouvoir général qu'il partageait avec certains grands princes[224]. Or, jusqu'au XIIe siècle, le roi ne pouvait réellement compter que sur l'aide de ses vassaux directs : il n'avait aucun moyen de contraindre les grands feudataires de faire partie de l'armée féodale. L'institution se heurtait à la mauvaise volonté et à l'indiscipline des barons.

Néanmoins, en 1124, Louis VI réussit à rassembler à Saint-Denis tous les grands féodaux à l'ost royal,

---

[223] *Le Roman de Renart,* Branche I^a, vers 280-283.
[224] A côté de ces formes normales de l'aide militaire, le roi et quelques grands feudataires, comme le duc de Normandie, pouvaient, en cas de périls extrêmes, effectuer une levée en masse de tous leurs sujets, y compris les serfs, pour une assistance non limitée dans le temps : c'était l'arrière-ban.

affermissant ainsi son autorité sur eux : non seulement ses vassaux directs mais aussi les ducs de Bourgogne et d'Aquitaine, ainsi que les Comtes de Blois, Anjou, Vermandois, Flandre et Nevers. Il s'agissait de protéger Reims et la Champagne des menaces de l'empereur Henri V, qui devant un tel déploiement de forces renonça à son expédition et rentra en Germanie.

Généralement ce pouvoir du roi d'ordonner l'ost féodal était le corollaire nécessaire de son devoir royal de protection du royaume et de l'Eglise. En effet, le roi avait sous sa protection particulière les faibles et les opprimés. Il n'était pas un conquérant ; c'était un défenseur, en conformité avec le principe canonique que seule la guerre défensive est légitime. Il devait, aussi, respecter les droits et privilèges de l'Eglise[225] et assurait la sauvegarde contre les usurpateurs. Ce devoir de protection impliquait la défense contre les ennemis extérieurs attaquant le royaume. Cette mission apparaît de manière explicite dans le *Roman de Renart* : Noble doit protéger le royaume des attaques du chameau et de sa horde de païens, menant ainsi une véritable guerre sainte.

Les trouvères sont naturellement influencés par les évènements politiques contemporains ; il est donc normal de voir apparaître dans le *Roman de Renart*, des références aux croisades, faits majeurs du XIIe siècle. Ainsi, dès le début des récits de Renart, la branche I nous offre, une allusion aux périples des croisés. Renart, qui a échappé à la pendaison en promettant d'effectuer un voyage expiatoire en Terre Sainte, lance au roi une fois qu'il est à l'abri :

« *Sire, fait-il, entent à moi ! Salus te mande Lorandins par moi, que jou sui pelerins ; si vous criement li païen tuit, por poi que cascuns ne s'en fuit.* »[226]

---

[225] C'est à ce titre que Noble ramène les dépouilles mortuaires de Chantecler, le coq et d'Espinart, le hérisson. Il appartenait à la fonction royale de veiller à ce que les morts reposent en Terre chrétienne.
[226] *Le Roman de Renart,* Branche I[a], vers 1556-1560.

Ces vers font référence au sultan Norandin qui a régné de 1146 à 1173. Renart nous le présente comme le chef des infidèles. Norandin et son successeur Saladin, qui a pris Jérusalem en 1187 et commis de nombreuses exactions à l'encontre des Chrétiens d'outre-mer, personnifiaient dans les mentalités de l'époque, l'ennemi juré de la chrétienté. On retrouve, à nouveau, dans la branche XI, la transcription de tels actes contre lesquels ne vont pas manquer de lutter nos barons.

Mais, contre toute attente, la bataille que Noble et sa mesnie mènent n'est pas une croisade ; Noble n'a aucune intention de libérer un lieu sacré, il veut simplement défendre son royaume que le chameau et ses sbires ont envahi pour partie :

« *Et dist le roi : Mandé vous ai car molt très grant mestier en ai, por païenz qui me font grant guerre. Il sont ja entré en ma terre et si les conduist li chameus ; ja a de mes castiaus pris deus, des millors, des plus fors donjons.* »[227]

Pour ce motif, la lutte menée par l'armée royale ne peut être qualifiée de croisade, car elle apparaît comme trop spécifique, mais de guerre sainte. Les théologiens avaient admis ce type de guerre, principalement défensive, contre les païens pour la défense de la chrétienté. L'action de la branche XI intitulée *Renart Empereur* entre exactement dans ce cadre : Noble est en droit de se défendre contre l'offensive du chameau et de ses troupes qu'il qualifie de païens.

La guerre sainte avait des objectifs divers et pouvait être soit de l'œuvre de l'empereur, soit celle des rois et seigneurs, invités en cela par le Pape, soit l'œuvre du Pape lui-même. Or dans le *Roman de Renart*, Noble qui, officiellement, personnifie le roi de France ne reçoit aucune invitation de la part du pape. Il prend la décision seul d'entamer une guerre sainte : il y a un amalgame entre les pouvoirs du roi et ceux

---

[227] *Le Roman de Renart,* Branche XVI, vers 1767-1773.

de l'empereur, confirmant ainsi l'idée que le lion n'est pas uniquement roi.

La branche XI a été rédigée entre 1195 et 1200. Se posait d'ores et déjà à cette période, le problème des rapports du roi de France avec l'empereur et la papauté. Cette question s'est posée très tôt. Dès ses débuts, la royauté capétienne eut à défendre la nature même de sa couronne face aux prétentions de l'Empereur germanique. Les Carolingiens de l'ouest qui régnèrent sur la *Francia occidentalis* à partir de 843 n'avaient jamais cessé d'appartenir à l'Empire. Les Capétiens eux, se voulurent hors de l'Empire des Othons et la France ne se reconnut jamais sujette de celui-ci.

Dès le milieu du XIIe siècle, les légistes impériaux se sont mis à exploiter le droit romain dans le but de justifier une suprématie de l'empereur. Les légistes trouvèrent une solution dans les constitutions impériales : ils distinguèrent l'*imperium* et la *potestas*, rappelant la distinction entre *auctoritas* et *potestas*. A partir de cette distinction, les légistes élaborèrent une doctrine selon laquelle l'empereur avait l'*auctoritas,* c'est-à-dire le pouvoir suprême de direction de l'empire chrétien, et, au niveau inférieur, les rois avaient la *potestas*. Grâce à cette théorie, l'empereur faisait coup double : tout d'abord envers les rois, dont le pouvoir était réputé inférieur au pouvoir impérial ; et à l'égard du pape qui se prévalait aussi de cette notion d'*auctoritas*, les légistes impériaux pouvaient répondre aux canonistes qu'au regard des textes anciens, ce n'était pas le pape, mais l'empereur qui avait l'*auctoritas*. En effet, le pape, se servant des mêmes notions que les légistes impériaux, affirmait aussi sa supériorité sur le roi de France.

Mais, à cette époque, il n'y a pas eu véritablement, de la part des rois de France, de volonté liée à un manque de possibilités, de lutter contre les prétentions pontificales avant le conflit ouvert entre Philippe le Bel et Boniface VIII, de 1296 à 1303. L'escarmouche qui opposa Philippe-Auguste et Innocent III, concernant la conquête par le Capétien des fiefs français détenus par Jean sans terre, n'entama aucunement la suprématie du pape.

A l'inverse, la thèse des légistes impériaux a provoqué la colère, non seulement des canonistes mais aussi des rois, que ce soit Henri II Plantagenêt ou Philippe-Auguste. La réaction de ce dernier fut tout d'abord d'interdire l'enseignement du droit romain dans tout le royaume avec l'autorisation du Pape. Par la suite, les légistes français ont exploité un autre argument tiré d'une phrase d'une décrétale d'Innocent III du début du XIIIe siècle : « *cum rex superiorem in temporalibus minime recognoscat* »[228]. De cette phrase incidente, les légistes vont déduire que le roi ne dépend pas de l'empereur ; et que le pape est implicitement d'accord. Cette doctrine trouve son aboutissement à la fin du XIIIe siècle, avec l'affirmation que le roi de France est empereur dans son royaume.

À l'époque de la rédaction de la branche XI, on n'assistait qu'aux balbutiements de la redécouverte du droit romain. On ne peut expliquer que le roi prenne seul la décision d'entamer une guerre sainte, qu'en acceptant l'idée qu'il possède la dignité d'empereur, donc qu'il détient l'*auctoritas* nécessaire pour ce faire. Avec le couronnement, Charlemagne, disposait du pouvoir temporel sur l'empire chrétien d'Occident et de la souveraineté sur Rome. Les rapports avec l'Eglise et la papauté s'en sont trouvés modifiés : dès lors, le pape a du se conformer aux volontés de l'empereur et a été confiné dans son rôle spirituel. Cela impliquait que l'Eglise devait collaborer à la politique impériale. L'Eglise et le pouvoir politique devaient coopérer ensemble à l'édification du monde chrétien et au salut des hommes. L'Eglise devenait l'auxiliaire du pouvoir politique. L'Eglise était aux mains des laïcs et c'est, en partie, contre cette pratique que s'est élevé Grégoire VII. Il a voulu réformer l'Eglise de manière à ce que les laïcs n'aient plus d'emprise sur elle. Cette réforme a

---

[228] Innocent III, *Décrétale « Per Venerabilem »* : le roi de France ne reconnaissait pas de supérieur au temporel, cité par A. LECA, *Institutions publiques françaises,* Aix-en-Provence, 1994, p. 146. M. BOULET-SAUTEL, « Encore la bulle '*Per venerabilem*' », *Studia gratiana*, 13, 1967, p. 373-382.

conduit aux conflits qui opposèrent la papauté et l'empereur germain qui se revendiquait héritier des carolingiens.

Noble semble donc posséder une double dignité : c'est tout d'abord un souverain, cloisonné dans les limites de son domaine à l'image des premiers capétiens. Comme eux, il souffre d'un manque de puissance. Pourtant, il parvient à accomplir quelques prouesses comme d'imposer la paix dans tout le royaume. Mais Noble apparaît aussi comme un empereur tout puissant qui dispose de prérogatives que le roi de France ne possédait pas. L'existence de cette dualité est un effet pervers du manque de suite logique et de cohérence des récits de Renart. Pour certains trouvères, le lion personnifie le roi de France. Pour d'autres, le lion est Charlemagne. Mais qu'on opte pour l'une ou l'autre des conceptions, Noble n'est ni un tyran, ni un despote : il ne gouverne pas seul et autoritairement. Le lion est épaulé par de fidèles barons qui forment des organes centraux de gouvernement performants, même s'ils ne sont pas toujours exempts de critiques.

II. Une peinture critique des organes centraux de gouvernement

Le roi Noble, à l'image des premiers capétiens est entouré de deux ordres de conseillers : ceux qui constituent sa mesnie royale et ses vassaux qu'il réunit, comme tous les grands feudataires, et qui forment la *Curia regis*. Dans les deux cas, ce sont des organes de conseil, car le roi doit toujours consulter ses fidèles avant de décider. Ces conseillers n'ont pas de rôle précis, ils peuvent être appelés par le roi en toute occasion.

§1. Une esquisse hardie de la mesnie royale

La mesnie royale était essentiellement composée de deux types de conseillers. Tout d'abord, l'Hôtel-le-Roi comprenait tous les gens de l'entourage permanent ainsi que les différents officiers de la couronne et formait le premier cercle de conseillers. Le deuxième cercle rassemblait la famille royale, dont le rôle n'a cessé de diminuer d'année en année. Le lignage de Noble est plus que réduit, sa femme en est l'unique membre ; un trouvère lui a bien inventé un fils mais aucun des auteurs n'a exploité cette idée. Fière n'a pas véritablement de pouvoirs ; elle possède simplement quelques dignités : en entendant le testament de Noble qui déclare qu'elle doit épouser Renart, elle ne dit rien et se soumet à la décision de son défunt époux ; elle n'a donc aucun pouvoir effectif concernant la destinée du royaume, même si elle prétend l'inverse.

A. Des officiers de la couronne compétents

Ces grands officiers de la couronne avaient des attributions à la fois domestiques et gouvernementales. Au sommet de la hiérarchie, cinq grands officiers du palais formaient avec quelques autres le conseil du roi. Tous les officiers n'apparaissent pas dans *le Roman de Renart*. Seuls les membres les plus importants du *Ministerium regale* prennent corps dans un animal. On rencontre ainsi Brichemer, le sénéchal, Baucent, le chancelier et Ysengrin, le connétable.

1) Brichemer, le sénéchal

La charge de sénéchal est dévolue, dans *le Roman de Renart,* au cerf Brichemer. Le sénéchal, officier de grande importance, qui passait souvent pour un vice-roi, suppléait le souverain au quotidien. Ce maître de l'Hôtel du roi était, aussi, une sorte de chef des services domestiques dont le rôle était de première importance.

En tant que serviteur du roi, c'était une sorte de majordome. Il portait les mets et était chargé des banquets. Brichemer exerce, en quelque sorte, cette première fonction dans la branche XXIII : le lion attend une hypothétique future femme que Renart doit lui présenter et décide de faire un banquet. Mais contre toute attente, le roi décidant de tout, le cerf est relégué à une place de subalterne, chargé de préparer le vin :

« *Li rois ses mene reus assist et a chacun son mestier dist. Roonel met à la cuisine qui de l'apareillier ne fine, et dit Tybert qu'il li aïst. Brunsli ors a loé et dist bien set mangier asavorer ; Tybers i va sanz demorer. Platiaus conmande pain livrer et molt largement delivrer. De Brichemer fet bouteillier, le vin li rueve apareillier ; et Brun preingne garde des mes, a la table les face pres.* « *Ysengrins, pensez de taillier et de la coupe apareillier devant vo dame la roïne.* » *Ysengrins parfont l'en encline.* »[229]

De prime abord, à la lecture de ces vers, le cerf n'exerce plus la charge de sénéchal mais de bouteiller. Cette fonction était aussi dévolue à un grand officier de la couronne responsable des vignobles, des caves et du vin mais la charge n'avait rien à voir avec les fonctions domestiques dévolues au sénéchal. Comment l'expliquer ? Cette branche fait partie des dernières, imaginée entre 1205 et 1250. La charge de sénéchal a alors disparu mais Brichemer demeure un personnage important de l'histoire. Le trouvère doit lui donner une autre fonction pour souligner l'importance du cerf, qui n'est d'ailleurs plus qualifié de sénéchal. De plus, dans les faits, l'importance et le contenu de l'office dépendaient essentiellement de la personnalité de son titulaire. Il n'y avait pas en effet, de répartition fixe : les tâches pouvaient être également remplies par tous, et par exemple, selon la volonté royale, le chambrier pouvait commander l'armée royale.

En tant que représentant de la couronne, le sénéchal était à la tête de l'armée royale en l'absence du roi : il était le chef de la justice et de l'administration des domaines. De par ce statut, le sénéchal apparaissait comme une sorte de vice-roi et la charge était toujours détenue par une famille puissante.

---

[229] *Le Roman de Renart,* Branche XXIV, vers 1463-1480.

Jugé trop dangereux par le roi de France, le sénéchalat resta vacant en 1191, à la mort de Thibault de Champagne, auquel Philippe-Auguste ne désigna aucun successeur et la charge tomba en désuétude.

Brichemer porte un titre particulier, par rapport aux autres barons : les trouvères font toujours précéder son nom du qualificatif de *Maître*. Il faut avouer que le cerf inspire un grand respect : il passe souvent pour un conciliateur et un médiateur entre les barons[230]. Il est en quelque sorte le prolongement du roi : qui intenterait un méfait contre lui, attaquerait directement Noble. Ainsi, Renart, qui pourtant, ne redoute ni ne craint personne, éprouve un grand respect pour le sénéchal : lorsque Brichemer vient chercher Renart, de la part de Noble, dans la branche X intitulée *Renart médecin*, des chiens se jettent sur le sénéchal ; mais Renart n'est pas à l'origine de l'attaque et il se contente de fuir[231].

Lorsque le goupil s'en prend véritablement au sénéchal, sous le couvert de guérir le roi, il reste relativement mesuré : il lui fait simplement couper ses bois, qui, si dame Nature fait bien son office, repousseront, et enlever une bande de peau : or, par ailleurs, le renard fait totalement dépecer Ysengrin, toute mesure disparaissant, et veut faire la même chose avec Tibert, qui se doutant du sort qui lui est réservé, prend la tangente et s'enfuit[232].

Aussi, Brichemer a toute la confiance de Noble auprès duquel il passe :

« [...] [*esté*] *preus et cortois, et si* [*savé*] *de mains langaiges, dont* [*il*] [*assé*] *plus saiges.* »[233]

Pour cette raison, le roi choisit son sénéchal lorsqu'il faut arbitrer le duel judiciaire opposant le loup au renard[234].

---

[230] *Le Roman de Renart*, Branche II, vers 1143-1147 : « *Or est li plais bien enpiriés, que Ysengrins est coureciés por l'orguel que il* [Brichemer] *li a dit quant de pais faire s'entremist.* »
[231] *Le Roman de Renart*, Branche XV.
[232] *Le Roman de Renart*, Branche XV, vers 1675-1775
[233] *Le Roman de Renart*, Branche XV, vers 1056-1058.

Malgré tout le prestige que lui confère son titre, il sait rester à sa place et ne prend jamais la place du roi ; et lorsqu'il prononce une décision de justice, il la proclame au nom du roi et non en son nom propre :

« *Entendés tout, fait-il, à moi ! Je vous conmant de par le roi que Renars soit annuit deffais, car as barons plaist molt si plais.* »[235]

De même, lorsqu'il faut aller chercher Renart, après que toutes les sommations soient restées vaines, le cerf représente le dernier « joker » du roi, avant Grimbert. Brichemer n'est pas le seul officier de la couronne présent dans le roman. Il y a également Baucent le sanglier et Ysengrin le loup.

2) Baucent, le chancelier

Le chancelier a toujours été un grand officier essentiel pour le royaume. Chef des services de la chancellerie, il regroupait sous son autorité les services d'écritures, qui avaient pour mission de rédiger les actes royaux généraux (ordonnances) ainsi que des actes royaux spéciaux (diplômes, lettres royales…). Il prenait note et rédigeait les décisions royales.

Ainsi, jusqu'à la fin du XIIIe siècle, la charge de chancelier était toujours confiée à un haut dignitaire ecclésiastique qui dirigeait la chapelle royale. En 1172, Louis VII retira l'office de chancelier à Hugues de Champfleury, évêque de Soissons, qui, en poste depuis plus de vingt ans, occupait une place trop importante dans le gouvernement royal. Hugues de Puiset le remplaça à la charge en 1179, qui resta vacante pendant plus d'un siècle. La fonction fut laissée à un simple garde des sceaux qui surveillait la rédaction des

---

[234] *Le Roman de Renart,* Branche II, vers 1043-1050 : « *Quant li rois vit la gent venue par cui la bataille iert tenue, Brichemer fait avant venir por acorder et por tenir le jugement de la bataille, et prie que por son droit aille. Brichemer est venus avant et dist qu'il fera son conmant.* »
[235] *Le Roman de Renart,* Branche I[a], vers 1383-1386.

actes et en assurait l'authenticité en apposant le sceau royal[236].

Le titre de chancelier n'apparaît jamais expressément dans le roman ; il semblerait néanmoins que la fonction soit dévolue à Baucent le sanglier. On le voit très peu dans l'exercice de sa charge. Néanmoins, même si ses interventions sont brèves dans le cycle « renardien », le sanglier paraît bien exercer cet office. A l'image de ce qui se passe dans le royaume de France, on peut se demander, si la charge qui lui est dévolue est bien celle de chancelier ou uniquement de garde des sceaux ? Ainsi, dans la branche I, Noble ordonne à Grimbert d'aller quérir son cousin à Maupertuis ; le blaireau insiste pour avoir en sa possession une lettre royale, seul moyen, selon lui, de faire venir son cousin à la cour. Le roi consent à la demande et :

« *Il li devise le matere, Bauchans li senglers li escrit et seiela quanques il dist puis bailla Grimbert le saiel.* »[237].

Le chancelier apparaît à travers ces vers, dans sa fonction essentielle de rédaction des actes royaux. Au XIIe siècle, l'importance des écrits étant encore restreinte, rien n'interdit donc de penser que le chancelier, tel Baucent, rédigeait lui-même, à l'occasion, les actes royaux, même s'il était placé à la tête des bureaux, composés de scribes et de clercs, les notaires du roi, qui assuraient les tâches matérielles. Le chancelier était en même temps garde des sceaux. Mais dans le *Roman de Renart*, Baucent personnifie plus le chancelier qu'un simple garde des sceaux : on n'hésite pas à demander son opinion, lorsqu'il y a un conflit ; il est peu probable qu'on se souciait de demander l'avis d'un simple exécutant. Ainsi, dans la branche VI, lorsque Brichemer veut réconcilier

---

[236] Pour plus de détails, voir l'ouvrage de L. PERRICHET, *La grande chancellerie de France des origines à 1328,* Paris, 1912.
[237] *Le Roman de Renart,* Branche I[a], vers 945-949.

Ysengrin et Renart, pour éviter un duel judiciaire, il demande l'avis, voire un accord implicite, de Baucent[238].

Le sanglier apparaît ainsi comme un personnage austère, parlant peu, soucieux de rendre une décision conforme au droit, à la justice et à l'équité. Dans la branche V^a par exemple, Baucent déclare qu'il serait juste d'entendre aussi Renart avant de la juger et ne pas se fonder uniquement sur le témoignage d'Ysengrin et de sa femme :

« *Signor, fait [Baucent], or entendés ! Vous avés oï d'Ysengrin vostre ami et vostre cousin conme il a Renart acusé ; mais nous avons a cort usé, quant on se plaint de forfaiture et on en voet avoir droiture, mostrer l'estuet par tierce main que cius porroit d'ui a demain faire clamor a son voloir dont autres se poroit doloir. De sa feme vous di raison : celi a il en sa prison, quanque il voet dire u taisir li puet il faire a son plaisir et bien mentir a essient. Ne sont mie susfficient itel tesmoing a recevoir : autres lor covenra avoir !* »[239]

Devant les contestations de Brun, qui déclare que la charge de connétable d'Ysengrin suffit à présumer son honnêteté, Baucent rétorque :

« *Par foi, fait Bauçans, sire, voire ! Mais une cose i a encore : et vostre dit dites encore qui est li pire ne li mieuldre ! Cascuns se voelt au sien aqueudre. Se vous dites que Ysengrins est li mieldres de ses voisins, Renars vorra encontre dire qu'il n'est ne mains loiaus ne pire ; cascuns si se tient por preudome. Por çou vous di a la parsome, ce ne puet estre que vous dites ! Cascuns poroit tel clamor faire por sa feme a tesmoing traire et dire çou que il vorroit, dont*

---

[238] *Le Roman de Renart,* Branche II, vers 1080-1082 : « [...] '*Ai ge bien dit ? Que vous est vis ? Bauchans respont : 'Bien avés dit. Nous l'otrions sans contredit*'. »
[239] *Le Roman de Renart,* Branche V^c, vers 1243-1261.

mains prodons grevés seroit ! Ce n'iert ja fait la ou je soie : issus estes fors de la voie. »[240].

De ces différents éléments, on peut conclure que Baucent est chancelier, même, s'il n'y a pas de dénomination expresse de sa charge et de sa fonction.

3) *Ysengrin, le connétable*

La charge de connétable est dévolue sans aucun doute possible au loup Ysengrin. Ancien garde des écuries royales, l'office de connétable était une fonction importante à une époque où le roi se déplaçait quasiment en permanence. Il est devenu le chef des armées lorsque la charge de sénéchal n'est plus pourvue. Il joue à cet égard, un rôle très important à l'époque de la guerre de Cent Ans. En campagne, son autorité était absolue : tous les gens de guerre lui obéissaient, quel que soit leur rang, fussent-ils princes de sang ou frère du roi. Il était considéré comme chef de l'armée royale par droit de son office qui finira par être viager. Cette coutume empêcha le roi de lui retirer son titre, mais non pas son commandement, qu'il confia alors à de simples lieutenants généraux révocables.

Dans le *Roman de Renart*, le rôle du sénéchal est tenu par Brichemer le cerf ; Ysengrin n'est donc pas le chef des armées. Le loup représente le connétable dans sa forme première, garde des écuries royales ; néanmoins, on ne le voit jamais dans l'exercice de sa fonction. On peut donc s'interroger : est-ce un simple titre honorifique ou une charge réelle ? Une telle fonction fait du loup un membre à part entière de la maison du roi, un familier du lion, ce qui explique l'importance que ses proches, comme sa femme Hersent, ou Brun l'ours, lui donnent :

« *Merci, sire, ce n'i est mie ; s'il vous plaist, miels dire poés selonc le clam que vous oés, que vous a dit li*

---

[240] *Le Roman de Renart*, Branche V^c, vers 1275-1293.

conestables, messires qui est bien estables qu'il ensamble o moi le vit, la u la vergoigne me fist »[241].

« *Par Dieu, signor, ce a dit Bruns, des jugeors sui jou li uns ! Puis que nous somes ci ensemble, si en dirai çou que moi samble : Dans Ysengrins est conestables et de la cort bien aceptables ; mais se ce fust un bareterres, un traïtres u un lerres, sa feme ne li peüst mie porter tesmoing ne garantie ; mais Ysengrins est de tel non que s'il i euist se lui non, si l'en peüst on molt bien croire !* »[242].

Il faut cependant nuancer : la charge de connétable n'est pas aussi prestigieuse que celles de sénéchal et de chancelier, qui sont principalement des fonctions gouvernementales. A l'inverse, dans sa forme première, la charge de connétable était avant tout une attribution domestique, telle celle de panetier ou de bouteillier, qui ne comportait aucune attribution gouvernementale. Certains pairs d'Ysengrin, pleinement conscients de la réalité de la charge du loup, n'hésitent pas, à l'image de Baucent, à le remettre à sa place :

« *Ci a descorde ; de pecheor misericorde ! Por Dieu, se Renars a mesfait, il n'i a pas si grant forfait que bien n'i puis avoir acorde ! De grant guerre vient grande acorde. Li leus est menres c'on ne crie, par petit vent chiet il grant pluie ! Renars n'est condampnés encore,ançois aura il autre oré ! Dit en avés vostre plaisir, s'avés perdu un bon taisir* »[243]

Pourquoi les trouvères ont-ils choisi d'affubler le loup de cette charge, très utile dans la pratique mais qui n'a rien de véritablement prestigieux ? Uniquement dans le but de rendre Ysengrin plus ridicule. Comme connétable du roi, le loup doit jouir de la confiance du roi, et donc, trouver en lui un ardent défenseur ; surtout lorsqu'il vient, tout grondant, exposer ses griefs devant la cour et que sa sincérité ne fait

---

[241] *Le Roman de Renart,* Branche V^c, vers 1101-1107.
[242] *Le Roman de Renart,* Branche V^c, vers 1262-1274.
[243] *Le Roman de Renart,* Branche V^c, vers 1570-1581.

aucun doute, sa plainte étant justifiée. Malheureusement pour lui, les éclats de sa fureur et l'attitude équivoque d'Hersent autorisent Noble à réduire le drame aux proportions d'une mésaventure conjugale dont il n'est ni le seul, ni le premier exemple. L'époux trompé a tout intérêt à ne pas ébruiter sa disgrâce, et le châtiment de Renart ferait de sa victime un objet de risée. Chaque fois que le goupil s'amuse aux dépens du loup, les rieurs se rangent de son côté, malgré sa charge.

L'Hôtel-le-Roi n'était pas uniquement composé par les grands officiers de la couronne : on y trouvait aussi les familiers du roi dont les palatins ; c'étaient des personnes qui vivaient dans l'entourage du roi (des clercs ou des soldats) et qui remplissaient des charges précises. Au XIIIe siècle, on y trouva des bourgeois et des chevaliers. Il est difficile, voire impossible, de reconnaître dans le roman les palatins qui ne sont pas des clercs, à l'exception peut-être du chat Tibert.

Tibert est un personnage récurrent du roman qui a une attitude contrastée à l'égard du goupil. Le chat n'accuse expressément Renart que lorsque celui-ci l'expose aux coups des vilains ; en dehors de ce cas, il ne lui témoigne aucune hostilité systématique, car il ne le redoute pas. Il sait qu'il peut, d'une détente, éviter ses morsures, et qu'il a l'esprit assez vif, pour parer les mauvais tours du goupil et à l'occasion, lui rendre la pareille. Il est donc le seul à tenir véritablement tête au renard.

Tibert ne semble pas être un baron. A la différence des vassaux de Noble, il n'a aucun titre particulier ; tous les autres en ont un, que ce soit sire, seigneur, maître... Quand le roi s'adresse à lui, il l'appelle toujours par son prénom. De plus, il ne semble pas avoir de fief. Par conséquence, Tibert semble être un chevalier du roi, un de ses fidèles palatins qui gravitent autour de lui mais qui ne fait pas partie de la cour, conformément à la réalité contemporaine. Au moment de leur avènement, Louis VI et Louis VII apparaissaient entourés d'une bande de jeunes gens, de jeunes chevaliers, qui constituaient leur suite, les accompagnaient dans leurs déplacements et les assistaient dans leurs choix politiques. Ces chevaliers étaient des jeunes qui n'étaient pas établis, et qui n'avaient pas suffisamment de biens pour subsister par eux-mêmes ; ils étaient obligés d'entrer dans la clientèle d'un puissant seigneur. Leur fortune dépendait de la proximité du roi. Tibert le chat semble personnifier un de ces jeunes chevaliers, mais on ne peut pas en être certain. En revanche, il est aisé de reconnaître les clercs de l'entourage royal ; ils sont au nombre de trois. Le premier est Belin le mouton qui est chapelain ; c'est un personnage qu'on rencontre peu dépendant certainement de la chapelle royale. Les chapelains fournissaient à la royauté ses notaires et chanceliers, accomplissaient ses ambassades, prêchaient ses chevaliers et priaient dans ses batailles pour la victoire ; certains d'entre eux accompagnaient la suite royale. Les deux autres clercs, présents dans le roman, passent pour des prélats hauts en couleur, non exempts de critiques, que ce soit Musart ou Bernard.

B. Des clercs hauts en couleur

Dans le roman, deux clercs retiennent notre attention par leurs attitudes qui ne sont pas véritablement celles que devraient avoir de bons ecclésiastiques : il s'agit tout d'abord de Musart le chameau et de Bernard l'âne.

1) Musart, le légat du pape

Musart n'apparaît qu'une seule fois dans les aventures de Renart : dans la branche V^a, Ysengrin, de nouveau trompé et mis à mal par son compère Renart, vient porter plainte, une nouvelle fois, auprès du roi Noble. On y rencontre les membres habituels de la cour ainsi qu'un nouveau personnage : Musart, le chameau.

« *Li chameus sist delés le roi, molt fu en la cort ciers tenus : de Lombardie estoit venus por aporter monsignor Noble trives devers Costantinoble. Li papes li avoit tramis ;*

ses liegaus iert et ses amis, molt saiges et molt bon legistres. »[244].

Le chameau est venu de Lombardie apporter le tribut versé par Constantinople que le pape lui avait confié. Noble, empereur d'occident, égal de l'empereur d'Orient reçoit des offrandes signe d'entente entre les deux empires et de bonne volonté de la part de Constantinople, matérialisant ainsi une vérité historique : après plusieurs années de luttes, un compromis fut trouvé entre Charlemagne et Michel Ier, l'empereur d'Orient qui reconnut en 812, comme son frère l'empereur d'Occident, lui concédant l'Italie à l'exception de la Vénétie et de la Dalmatie[245].

Musart parle un sabir français-latin-italien qui rend comique ce personnage à la figure originale, qui selon Tibert, fait partie du conseil du roi[246] :

« *La misere de lui as dite ; nous trovons en decres escrite en la pepris publitate de matremoine vialate : premier on doit examinar et s'il ne puet espurgar grever le pues si con toi place car molt grande coze faiche ; ver est en la moie sentence, s'estre ne voet en amendance, destipe parmane conmune universe seue pecune, u lapidar le cors u ardre de l'avresier de la renarde. Et vous fui molt tres bone rege si est qui destuit sa lege et qui la voet vituperar, il le doit molt fort conparar ! Maistre, par le coupee sainte se li jugement si a fainte et tu voes estre bon signor, fai droit, mais par teue amor, par la sainte croisse de dé ! Que tu ne soies bone ré, se raison et droit ne voes far aussi con Juliens Cesar et en cause volles droit di se tu voes estre bone sir. Et de toi bone favelar par la foi bene tiegnes ar se ne tiens la tarte amie rendar por amender ta vie. N'aies cure de roi autar se tu ne juges par bontar et se tu ne faces droit tort tu ne soies bone signor !*

---

[244] *Le Roman de Renart,* Branche V[c], vers 1167-1173.
[245] P. RICHE, *Les Carolingiens, op. cit.*, p. 144.
[246] *Le Roman de Renart,* Branche XIV, vers 2217-2230.

Favelar çou que bon te sache, plus ne te di, plus ne te saiche ! »[247].

Musart cache sous cette plaisanterie linguistique, la prudence et la rigueur de l'autorité ecclésiastique : ce sage légiste ne prend pas position sur la question de savoir si Hersent a bien commis un adultère avec Renart et s'il doit être jugé ; mais il place le roi devant ses responsabilités : s'il y a eu faute, il doit y avoir châtiment. Il est patent, que tout en faisant un éloge probablement sincère de ce sage légiste, le trouvère n'a pas oublié le ridicule dont pouvaient souffrir les Français. Le jargon qu'il prête au chameau, où l'italien et le latin se mêlent au français, devait être d'un effet comique certain. Les peuples de tous les pays ont toujours pris un malin plaisir à se moquer des étrangers qui écorchaient leur langue : il y avait là une facilité certaine.

L'intervention de ce dignitaire ecclésiastique a avant tout un but satirique, visant très certainement, le cardinal Pierre de Pavie, légat du pape Alexandre III auprès du roi Louis VII, dont le langage exotique suscitait des plaisanteries faciles. Pierre de Pavie était le cardinal-prêtre de saint Chrysogone, et légat du pape en France de 1174 à 1178. Né à Pavie, authentique Lombard comme Musart, il jouissait de l'amitié du pape Alexandre III[248] ; le légat, représentant direct et personnel du pape, devait nécessairement disposer de la plus grande confiance du pape.

Pierre de Pavie était aussi apprécié du roi Louis VII. Après le meurtre de Thomas Becket, Henri II, devenu un sujet d'horreur pour l'Europe, abandonné par son fils Richard soutenu par le roi de France, demanda le secours du pape. Alexandre III envoya Pierre de Pavie en France avec pour mission principale d'amener une réconciliation entre Louis VII, l'empereur d'Allemagne et Henri II Plantagenêt. Le

---

[247] *Le Roman de Renart,* Branche V^c, vers 1180-1217.
[248] On puise cette information dans l'article que lui a consacré le Père Hippolyte DELEHAYE, dans la *Revue des Questions historiques,* 1891, p. 1-61. Cité par L. FOULET dans *Le Roman de Renart, op. cit.* Plusieurs lettres le recommandaient au clergé et aux fidèles de France.

légat se montra fort habile et une trêve fut signée entre les deux rois. Louis VII ne pouvait pas voir d'un mauvais œil un homme, qui tout en restant impartial en apparence, n'en avait pas moins mis très efficacement au service du roi de France, l'immense influence de la Papauté. Le roi a pu également compter sur le légat dans des affaires de moindre importance[249].

Pierre de Pavie était un homme versé dans les usages juridiques et la science du droit. Il était réputé pour avoir beaucoup de tact et intervenait souvent dans des procès, approuvait des règlements d'arbitrage, concluait des arrangements dans n'importe quel endroit du royaume.

Si Musart personnifie le légat Pierre, qu'avait-il, historiquement à voir avec Constantinople ? Dans une lettre du 19 avril 1174 adressée par le pape à l'archevêque de Rouen, Alexandre III l'invite à s'entendre avec le légat Pierre, à agir de concert avec lui auprès de Louis VII pour qu'il fasse la paix avec Henri II Plantagenêt. Si leurs hostilités ne cessaient pas promptement, il était à craindre, d'une part, que leurs royaumes en souffrent beaucoup ; et d'autre part, que la terre d'Orient ne soit de ce fait exposée aux dévastations des infidèles. Le pape considérait les rois de France et d'Angleterre comme les protecteurs naturels des Chrétiens d'Orient.

De plus, en 1176, Alexandre III envoya aux rois des missives les adjurant de confondre la race des infidèles et de rehausser le prestige de la foi chrétienne, à la demande de l'empereur de Constantinople, Manuel. Il confia au légat le soin d'exhorter le roi et les princes à se soulever pour cette grande entreprise. Il est donc vraisemblable que pendant l'année 1176, Pierre de Pavie prêcha vigoureusement la croisade expliquant les missives pontificales et parlant de l'appel à l'aide de Manuel au puissant roi de France. C'est sans doute cette mission qui est évoquée dans le roman, à

---

[249] Une charte du roi Louis VII indique qu'il a pu mettre fin à un différend survenu entre lui et les religieux de Saint-Corneille de Compiègne, grâce à l'intervention de Pierre de Pavie.

travers l'affaire du tribut de Constantinople, on ne saurait guère demander aux trouvères une exactitude plus rigoureuse.

Malgré les exhortations de Pierre de Pavie, Louis VII resta chez lui. Il est probable que plus d'un sujet du roi de France avait prévu ce résultat et en avait plaisanté à l'occasion. Le nom de Musart dont le trouvère a affublé le chameau n'est pas choisi au hasard. Un musard, au Moyen-Âge, était un étourdi qui agissait sans réflexion et perdait son temps assez sottement à des choses qui n'en valaient pas la peine. Il y a, visiblement, dans ce qualificatif une légère intention de raillerie à l'adresse du légat du pape : Pierre de Pavie a pu prêcher la croisade, mais sans résultat. Il a perdu son temps à une chose que tout le monde savait irréalisable, qui n'en valait donc pas la peine.

2) *Bernard, l'archiprêtre*

A l'inverse de Musart, les interventions de Bernard l'âne sont plus fréquentes. Sa première intervention se situe dans la branche V^a : Renart vient de perdre le duel judiciaire contre Ysengrin et il est sur le point de se faire pendre. Bernard arrive sur ces entre-faits et demande au roi Noble de lui donner Renart pour qu'il en fasse un moine de son abbaye. Bernard est en effet l'archiprêtre de l'abbaye de Grandmont[250], dont la maison mère était située dans le diocèse de Limoges. L'ordre de Grandmont[251] avait été fondé par Etienne de Muret, canonisé le 30 août 1189. Lucien Foulet, suivant la suggestion de Jonckbloët, admit que Bernard l'âne était, en fait, Bernard du Coudrai, correcteur du prieuré grandmontain de Vincennes et conseiller influent de Philippe-Auguste[252].

Bernard avait été chargé par le pape des missions diplomatiques délicates en 1169, il était du nombre des

---

[250] *Le Roman de Renart,* Branche II, vers 1470-1471 : « *Atant e vous frere Bernart qui de Grant Mont fu repairiés.* »
[251] J. BECQUET, « La règle de Grandmont », *Bulletin de la Société archéologique et historique du Limousin,* 1958, p. 9-36.
[252] Ce prieuré avait été fondé en 1164 par Louis VII.

ecclésiastiques chargés de réconcilier Thomas Becket et Henri II. Philippe-Auguste, au moment de partir pour la troisième croisade, avait également recommandé à la reine mère Adèle, ainsi qu'à l'archevêque de Reims de se fier à son avis. Ainsi, Frère Bernard a eu plusieurs occasions importantes de se rendre de la maison mère limousine à la cour de Paris entre 1185 et 1189.

A l'image de son illustre modèle, l'âne Bernard inspire, semble-t-il, lui aussi, une certaine déférence provenant du pouvoir royal. Il n'hésite pas, touché par le spectacle d'un goupil sur le point d'être pendu, de venir réclamer sa vie au roi :

« *Sire, por Dieu le dévés fere, icel consel vous voel doner que vous lassiés Renart aller. [...] Por çou, fait il, sui je venus, que par vous voel ne soit pendus, ançois le m'en laissiés mener : Diex le vous puist gerredoner ! Donnés le moi a Dieu servir, qui por nous se laissa morir si en ferai moine cloistrier : preudons sera, ce sachiés. Por Dieu si le me faites rendre, car se vous le faisiée pendre vous n'i avriés point d'onour. Diex a pitié de picheour, mais soit confés et se gart bien, qu'il sera saus je n'en dout rien, qui ne me refusés le don. Donés le moi par guerredon.* »[253]

Noble y consent et l'âne va quasiment imposer le goupil dans le prieuré. Devenir moine, en général, était un choix personnel, surtout lorsqu'il s'agissait de devenir moine reclus. Renart y consent uniquement parce que sa vie est en jeu et que les moines de Grandmont lui donnent du poisson pour l'attirer[254]. Néanmoins, il paraît évident que Renart ne pourra tenir longtemps enfermé dans ce prieuré. Il ne se montre exemplaire qu'une quinzaine de jours jusqu'à ce que sa gloutonnerie ressurgisse et lui fasse manger divers volatiles. Il est alors chassé de l'abbaye.

---

[253] *Le Roman de Renart,* Branche II, vers 1496-1498, vers 1501-1516.
[254] *Le Roman de Renart,* Branche II, vers 1525 : « *Poisson li done por amordre.* »

A chacune de ses apparitions, Bernard garde à peu près la même physionomie : c'est un être chaleureux, soucieux de la morale qui passe même, certaines fois, pour un être naïf. Il faut voir avec quelle sensibilité touchante, il prend parti pour Hersent dans la branche I, lorsqu'elle essaie tant bien que mal de se disculper de l'accusation d'adultère :

« *Ahi, fait il, gentil barnesse, car fust or si loiaus m'anesse, et chien, et leu, et toutes bestes, Dame Hersent, si con vous estes ! Quant vous en avés tant juré, tout m'en avés asseüré : jamais ne vous en mescrerai. Tel sairement je vous en frai que, si me face Diex pardon, ne me laist trover cardon qui tenres soit a ma pasture, que vous onques n'eüstes cure de Renart ne de son desduit, ne de s'amour, si con je cuit. Mais li siecles est si malvais, si mesdisans et si pusnais, qu'il blame ce que loer doit, et tesmoigne çou qu'il ne voit. Ahi, Renars, malaourés, con de male eure tu fus nés et engenrés et conceüs, car tu ne seras ja creüs. Ja estoit la novele issue que Hersent aviés croissue. Elle en veut faire une joïse, c'onques par vous ne fu requise.* »[255]

Bernard est aussi un être charitable : il n'hésite pas à accompagner Renart, dans son pèlerinage à Rome pour l'aider à obtenir l'absolution du pape. Mais s'il accepte de suivre Belin et Renart dans leur expédition, c'est essentiellement parce que les pèlerins lui promettent une nourriture en abondance :

« *Fai le bien, si te vien o nous : tu ne seras ja souffraitous de riens dont te puissons aidier ; tu auras assés a mengier.* »[256]

Outre sa gourmandise, Bernard a d'autres défauts, qui semblent avoir trait à la cléricature : il est incapable de se

---

[255] *Le Roman de Renart,* Branche I^a, vers 185-210.
[256] *Le Roman de Renart,* Branche IV, vers 267-270.

débrouiller seul et il ne sait pas faire grand-chose d'autre que d'exercer sa charge d'archiprêtre :

« *Signor, dist Bernars, que feron de herbergier, car il est tart.* [...] *Si ferons nous, dist l'arceprestre, trestot çouque vous vorois dire, Renars, ja es tu nostre sire ; et en ceste lieu nous amenas.* [...] *Et li asnes conmence a poire, qui n'avoit pas apris a corre.* [...] *Dist Bernars : Je ne puis monter !* ».

Même dans l'accomplissement de sa charge, l'âne ne semble pas très doué. Dans la branche intitulée *La mort de Renart*, il s'occupe du déroulement de la messe des morts dont le moment fort est son sermon sur les bienfaits du sexe. Autant qu'on puisse en juger, le déroulement de la messe ne respecte pas entièrement la liturgie attendue : ainsi, le sermon devrait prendre place après la lecture de l'Evangile : soulignant cette inversion, le texte montre que la parodie de l'office est tout à fait concertée. De même le *confiteor* fait normalement partie des prières prononcées par l'officiant au bas de l'autel pendant la première partie de la messe, avant la liturgie de la parole. Celle-ci comprend essentiellement les lectures des Epîtres et de l'Evangile. Et que dire du sermon où l'âne fait l'éloge de Renart :

« *Renars, qui la vie a finee, si a en son temps dmenee vie de martyr et d'apostre. Autel fin aient tuit li nostre et aussi bonne repentance, que de lui ne sui en doutance qu'il ne soit en bonne fin pris nul jour a nule vilanie. Il a esté sanz felonnie et sanz malice et sanz orgueil. Oncques jour ne virent un œil Prince qui fust de sa vertu. Se il a volantiers foutu, l'en n'en doit tenir plet ne conte, de ce ne sui je pas en doute, qui n'ai foutu ou qui ne foute.* »[257].

Ce portrait est exactement l'opposé de la vérité. Le trouvère profite de ces vers pour critiquer certains aspects de la liturgie qui ont tendance à enjoliver, tout en déformant les

---

[257] *Le Roman de Renart,* Branche XVIII, vers 852-869.

qualités de Renart. La suite n'est qu'un plaidoyer émouvant pour les bienfaits du sexe, où l'âne demande qu'il ne soit plus considéré comme un péché. L'âne va à l'encontre de la doctrine théologique pour laquelle le sexe était le mal incarné. Bien que ce sermon soit choquant de la part d'un être pour qui la chasteté doit être un mode de vie, de telles paroles sont l'apanage de Bernard :

« *Quant Bernarz ot en sa reson bien definee s'oroison et aproprié son chapistre,[…]* »[258].

Il lui arrive, néanmoins, quelquefois d'exceller dans sa mission d'ecclésiastique : ainsi, dans la branche XI du *Roman de Renart*, Bernard part en guerre contre les païens, avec le roi Noble :

« *Et dans Bernars li arcesprestre qui molt fu preudom et de pais ; si les a fait trestous confés et dist : « Signor, ne doutés ja cele parjure gent de la, n'auront ja contre nous pooir, içou saciés vous bien de voir, mais or chevalchiez saigement, qu'ains qu'il aient armé lor gent les avrons detranchiez et mors.* »[259]

Devant un tel sermon, le roi Noble, touché, lui rétorque :

« *Ci a bons confors ; molt a en vous bone persone. Bien ait qui tel conseil me done ! Par la foi que doit saint Silvestre, molt a en vous bon arceprestre. Je vous vorrai molt honorer : si Diex me done retorner, que part la foi que je vous doi evesques serés de la loi, li don vous en otroi ici.* »[260]

Le roi lui propose donc de le nommer et l'élever à la fonction d'évêque. Les évêques et les abbés étaient, en principe, élus : l'évêque par le clergé et par le peuple, l'abbé

---

[258] *Le Roman de Renart,* Branche XVIII, vers 938-941.
[259] *Le Roman de Renart,* Branche XVI, vers 2058-2067.
[260] *Le Roman de Renart,* Branche XVI, vers 2068-2077.

par les moines. Par l'élection, ils devenaient titulaires de leur fonction et de leurs prérogatives. Mais cette règle de l'élection fut transgressée par le roi qui est intervenu au point de convertir l'élection en une véritable nomination royale, arguant un droit de propriété éminent sur l'évêché.

Cette prérogative royale a entraîné l'usage de l'investiture, le mode de transfert normal des charges, des fonctions et des biens qui donnait au roi une véritable possibilité de choix. En principe, le roi intervenait dans l'élection de l'évêque au début et à la fin de la procédure : en accordant le pouvoir d'élire et en faisant vérifier la régularité de l'élection par un évêque inquisiteur. Mais le jeu de l'investiture va majorer l'intervention royale. Ainsi, au Xe siècle, on a abouti à une procédure modifiée et analogue au système impérial[261]. En Germanie, comme en France, l'investiture a donné, dans l'ensemble, de bons résultats. Contrairement à Henri II Plantagenêt qui n'hésitait pas à imposer de manière directe ses candidats, le Capétien respectait le principe de la liberté des élections épiscopales ou abbatiales, sauf à influer sur celles-ci pour faire désigner des titulaires de son choix.

En proposant à Bernard de le faire évêque en récompense de ses bons services, Noble ne fait qu'user de son pouvoir. Il ne va pas le nommer autoritairement à la manière du roi d'Angleterre ; il se sert de sa position pour le faire désigner à la fonction d'évêque. Bernard étant l'archiprêtre de l'abbaye

---

[261] À l'époque carolingienne, lorsqu'un évêché était vacant, il revenait au roi, parce qu'il était tenu de lui. Il restait entre les mains du roi jusqu'à ce que le nouvel évêque soit investi. Lors de la cérémonie d'investiture, une délégation de clercs venait trouver le roi pour lui demander le pouvoir d'élire et lui apportait l'anneau et la crosse de l'évêque défunt, insignes de sa juridiction. Ayant reçu ces symboles, le roi accordait la faculté d'élire tout en suggérant autoritairement le choix à faire. Les clercs revenaient à l'église épiscopale, et élisaient le candidat du roi. Après quoi, avec l'élu, ils retournaient auprès du roi ; le nouvel évêque faisait alors au roi promesse de fidélité, en échange de quoi, le roi lui remettait l'anneau et la crosse et l'investissait de l'évêché par cette double remise symbolique. C'était seulement lorsque l'élu était investi de son évêché qu'il était sacré, généralement par l'archevêque. Voir J.-F. LEMARIGNIER, *Cours d'histoire des institutions et des faits sociaux, op. cit.*, p. 272-274.

de Grandmont, l'âne peut se prévaloir de la charge d'évêque qui lui est supérieure. En effet, les archiprêtres étaient nommés par les évêques ou les archidiacres et constituaient, essentiellement dans les campagnes, les relais de l'autorité épiscopale auprès des curés des paroisses de leur ressort. Ce clerc pouvait passer comme un auxiliaire de l'évêque. Ce dernier était responsable spirituellement et temporellement de son diocèse, cadre essentiel de l'administration religieuse. Il était aussi l'intermédiaire privilégié de la papauté et il était entouré de nombreux auxiliaires : archidiacres, chanoines, archiprêtres…

Les trouvères dressent un portrait acerbe de l'entourage royal. S'ils se montrent relativement cléments avec les laïcs, les critiques sont virulentes envers les clercs. Ce qu'ils pensent de l'entourage royal peut être résumé par certains vers de la branche I^a :

« *Mais puis ains, sires, rois s'amort a croire ses malvais larrons, et il laisse ses haus barons et guerpist le chief por la ceue, puis voist sa terre a mal veue, car cil qui sont serf de nature ne sevent regarder mesure. S'a cort se puent alever, molt se painnent d'autrui grever, car chiens familleus en cuisine n'a cure de beste voisine ; cil font la povre gent tuer et la monnoie remuer. Cil amonestent mal a faire, mais molt bien sevent lor preut faire et embourser autrui avoir.* »[262]

Cette diatribe de Renart contre les parvenus, d'origine servile, qui s'élevaient et réussissaient à séduire les rois, tandis que ceux-ci délaissaient leurs appuis naturels aristocratiques, reproduit fidèlement certaines critiques émanant des milieux aristocratiques du XIIe siècle. Les trouvères servent de porte-voix à la cause de certains nobles contestant la tendance des premiers capétiens à s'entourer de personnages d'origine modeste, dénonçant la dégradation de l'entourage royal, conséquence pourtant de la défection progressive de la plus haute aristocratie, des princes, des

---

[262] *Le Roman de Renart,* Branche I^a, vers 1233-1248.

évêques et des comtes. Le roi devait rechercher l'appui des seigneurs et châtelains de l'Ile-de-France, vassaux de moindre rang mais alliés redoutables. Le roi leur confiait les charges de grands officiers, à compter de la fin du XIe siècle et c'était eux qui formaient la *Curia regis*.

§2. Un tableau critique de la *Curia regis*

La *Curia regis* n'était pas au XIIe siècle une assemblée représentative : c'était une assemblée de vassaux. Cette cour n'avait aucun pouvoir propre et spécialisé, mais comme le roi pouvait porter devant elle toutes les questions relevant de sa compétence, sa cour avait donc des attributions larges aussi bien que politiques, judiciaires ou administratives. Le roi y convoquait ses vassaux, tenus par le devoir de conseil. Pour les affaires importantes, il appelait parfois les grands seigneurs et les évêques ; mais il était difficile de réunir ces grands feudataires, qui n'y venant que très rarement, n'étaient jamais au complet. Le plus souvent le roi convoquait les barons du domaine royal, les évêques et les abbés, ainsi que certains grands seigneurs proches du roi. Le vassal convoqué était en principe tenu de venir, à peine de confiscation du fief.

Les réunions de la *Curia regis* n'étaient pas soumises à une périodicité régulière et préétablie; elles se tenaient lors de grandes fêtes religieuses (Noël, Pâques, Pentecôte) dans la ville où le roi se trouvait. Or, justement, Noble ne tient-il pas sa cour lors de pareils évènements ? L'assemblée a des charges multiples, politiques, judiciaires, financières, sans que l'on distingue entre les diverses attributions et sans spécialisation.

A. La compétence politique de la *Curia regis*

La *Curia regis* était en premier lieu le conseil politique du roi, elle lui fournissait l'aide et le conseil pour toutes les affaires importantes. Le roi devait consulter ses vassaux pour

191

chaque grande entreprise. Elle traitait ainsi du mariage du roi, des rapports avec le Pape, de la paix du royaume, de la réconciliation entre les grands seigneurs, de la guerre de la paix, des finances et des croisades. Le roi lui présentait ses nouveaux établissements, ainsi que l'attribution de privilèges. Le roi n'était pas obligé de suivre l'avis de sa cour ; mais en fait, il lui obéit, jusqu'à saint Louis, qui fut le premier à pouvoir lui résister. Louis IX continue à consulter la *Curia regis* pour avoir l'appui de ses vassaux. Mais la consultation ne liait pas le roi, il prend seul les décisions.

La *Curia regis* intervient à maintes reprises dans le *Roman de Renart* : le roi a en effet besoin de ses vassaux pour régler certains problèmes ; mais comme nous l'avons vu, il s'agit principalement de ses vassaux directs, donc des vassaux du domaine royal. Le vassal devant conseiller le seigneur, l'obligation principale consistait essentiellement à siéger à la cour du seigneur. En réalité, la cour royale ne diffère pas, dans son fonctionnement des cours seigneuriales. Les vassaux doivent venir dès que le seigneur les convoque et ils constituent une cour : entre eux, ils étaient sur un pied d'égalité ; ils étaient pairs ; d'où le nom de certaines cours de pairs donné à certaines cours féodales.

La compétence politique de la *Curia regis* de Noble apparaît, dans la branche XXIII intitulée *Renart magicien*[263] : Renart, pour se tirer d'affaire, promet une femme au roi Noble. Il est important de signaler que dans cette branche crée entre 1205 et 1250, Fière n'existe pas ou plus. Le lion est donc célibataire ou veuf. Noble envoie donc Renart comme messager, pour demander la main de la fille du roi Yvoris et la ramener. Renart qui apprend la magie, crée une femme de toutes pièces puis il vient voir le roi et lui annonce l'arrivée de la noble dame. Là, le roi déclare :

« *Renars, fet li rois, a beneur ! va por la dame, si l'amoine. Et je dedenz ceste semaine ferai ma gent toute venir en ma sale por cort tenir.* »

---

[263] *Le Roman de Renart,* Branche XXIV.

« *Atant Renars s'en est tornez ; et li rois s'est bien atornez, mande ses genz granz et menors que tuit viegnent a ses honors. Tuit i aqueurent volentiers, n'i quierent voies ne sentiers, mes par broces et par essart, veoir les merveilles Renart. Tant en i vient, la cor fu plaine. Ne finerent d'une semaine de venir d'amont et d'aval ; estanchié i ont meint cheval.* »[264]

Le mariage du roi était l'affaire de tous. On voit ici que se mêlaient des affaires matrimoniales en plus des parents par le sang, les personnes qui sont liées par le lien vassalique. Le mariage du roi en effet n'était pas une affaire personnelle, c'était le problème de tous, c'est-à-dire de tout le domaine royal, de tous ceux qui étaient liés au souverain par les liens de vassalité. Il n'est donc pas étonnant de voir Noble convoquer toute sa cour pour qu'elle donne son aval au projet de mariage du roi : la fonction première du mariage était de donner à un homme une femme de sorte que leur enfant fut le digne héritier du lignage de son père ; s'agissant du lignage royal, l'union a une importance majeure.

L'autre intervention de la *Curia regis* en matière politique dans le cycle renardien se situe dans la branche XI intitulée *Renart Empereur* : le roi convoque tous ses vassaux car les païens ont envahi une partie de son territoire. Il désire que ses hommes le conseillent quant à l'action à mener :

« *Et dist li rois : « Mandé vous ai car molt très grant mestier an ai, por païenz qui me font grant guerre. Il sont ja entré en ma terre et si les conduisit li chameus ; ja a de mes castiaus pris deus, des millors, des plus fors donjons. Tant i a de escorpïons, elefans, tygres et yvoires que tous ont perdu lor mimoires, bugles, domadaires legiers qui molt ont les coraiges fiers, cuivers serpens n'en sai le conte. Molt doc que ne me fachent honte ; laisardes i a et couluevres.* »

Et Renart de lui répondre :

---

[264] *Le Roman de Renart,* Branche XXIV, vers 1440-1456.

« *Ci a mal œuvres. Mandés vos gens sans plus attendre, s'irons vostre terre desfendre.* »[265]

Il s'agit ici du devoir de conseil que doit chaque vassal à son seigneur. Renart propose au roi une intervention militaire ; offre à laquelle Noble répond favorablement :

« *Renart, Renart, dist l'emperere, vous avés bien dit, par saint Pere. Ensi, iert il, foi que vous doi : trestous mes barons manderoi, par non que ja n'en lairai un, tout seront mandé en conmun.* »[266]

Que se passait-il quand le vassal ne répondait pas à la convocation de son seigneur ? Quand celui-ci manquait à ses obligations, il encourait la confiscation temporaire ou définitive de son fief par les procédures de saisie et de commise, en cas de récidive. Dans ce cas là, on procédait au rite inverse de l'investiture : le *dévest* du vassal. La sanction était relativement théorique ; elle supposait que le seigneur soit assez puissant et pour faire prononcer la sentence, et surtout pour la faire exécuter. Renart est bien conscient de cet état de fait et des devoirs qu'il a à l'encontre du roi Noble, ainsi que de la sanction de leur inexécution :

« *Viels sui, ne me puis mais aidier, et mais n'ai pooir de plaidier : si fait pechié qu'a cort me mande, mais quant me sires le conmande, bien est drois que jou i viegne. Or, sui devant lui, si me pregne, si me face ardoir ou pendre !* »[267]

« *Biau sire, sauve vostre grasce, oncques ne fui de tel estrace qui face a son signor contraire, ne chose qui ne face a faire : je suis vostre hon et vous mes sires, de moi ne devés cose dire qui estre me puisse en nuisance. Mais vous estes de tel poisçance que jeter me poés de terre ; je ne puis souffrir vostre guerre, et si douc molt mes anemis.* »[268]

---

[265] *Le Roman de Renart,* Branche XVI, vers 1767-1784.
[266] *Le Roman de Renart,* Branche XVI, vers 1785-1790.
[267] *Le Roman de Renart,* Branche I^a, vers 1279-1285.
[268] *Le Roman de Renart,* Branche II, vers 217-227

L'intervention principale de la *Curia regis*, dans le *Roman de Renart* concerne le domaine judiciaire. En pratique de nombreux conflits politiques soumis au roi se terminaient par un procès.

B. La compétence judiciaire de la Curia regis

Le roi jugeait normalement seul mais il pouvait déléguer son pouvoir de juger. En cas de procès, ou bien c'est la cour que le roi invitait à se prononcer, ou bien c'était une compagnie restreinte de juristes, connaissant la « coutume du royaume de France ». Dans la branche XIII intitulée *Renart le Noir*, Tibert nomme expressément les membres composant ce conseil :

« *Ja i est Ysengrins le leus, qui a esté pris en mains leus par l'engien Renart son conpere, qui onques jour ne volt bien fere, Brichemers li cers et Baucens li senglers as agües dens, et Bruns li ors, Bruians li tors, qui a grans menbres et grant cors, et Rooniaus li vielz mastins qui reset de pluisors latins, Plateaus li dains et li liepars, et li chameus sire Musars. Tuit sont del consel au roi, tuit sont molt saiges, par ma foi.* »[269]

La délégation de pouvoir à ce conseil restreint apparaît à plusieurs reprises dans le roman. Tout d'abord, dans la branche I : le conseil se réunit pour prononcer la sentence à l'encontre de Renart :

« *Ains que Grimbers euïst contee sa raison ne definee, se leva en piés Ysengrinz, et li moutons, sire Belins, Tysberz li cas, et Roeniaus, et li dains, sire Planteniaus, et Bruns qui sont vis avoit ters, et sire Brichemers li cers. Quant li conciles fu ensamble, Renars li rous fremist et tranble.* »[270]

---

[269] *Le Roman de Renart*, Branche XIV, vers 2217-2230.
[270] *Le Roman de Renart*, Branche I^a, vers 1323-1332.

Puis dans la branche XXIII intitulée *Renart magicien* : Renart a, une fois de plus, des problèmes avec la justice du roi, bien que ce soit la suite logique des différentes plaintes exposées et des différents moyens de clôture de l'affaire. Pour ce faire, le roi confie à ce comité de juristes le soin de trancher le conflit :

« *Seignors, fet il, or m'entendez, qui les droiz fetes et prenez, et ceus qui doivent atirier : je ne vos veil pas empirier. Alez, fetes primes esgart d'entre Ysengrin et Renart. Vis m'est, Renars en sa raison reste Ysengrin de traïson, et Ysengrins lui de faillance, qui li failli de covenance. Partissiez si bien l'aventure que chascuns en ait sa droiture. Après jugiez de Chantecler com Renars li doit amender la mort de ma dame Coupée, qui l'autre jor fu enterree. Et s'esgardez comment soit prise por Brun de Renart l'amendise. Fetes cest esgart, dan Platel, et vos misire Cointerel ; avec soit Brichemers li cers et ti taisons sire Grinberz ; si voil que i vost li lieparz. Si faites si loial esgarz que chascun ait bien sa raison selonc le droit de ma meson.* »[271]

Parmi les membres de ce tribunal, nous trouvons à nouveau le léopard, grand feudataire certainement très proche du trône puisqu'il vient souvent à la cour; et en qui le roi semble avoir une grande confiance, puisqu'il lui laisse le soin de juger un de ses vassaux. Quand le procès est important, Noble soumet l'affaire à la cour assemblée.

En principe, personne ne pouvait refuser la compétence judiciaire de la *Curia regis*. Dans le domaine royal, cette assemblée a la compétence de toute cour seigneuriale : le roi juge là en tant que seigneur. Dans le reste du royaume, jusqu'à la moitié du XIIIe siècle, le roi n'avait les moyens matériels d'exercer le pouvoir judiciaire que dans les régions assez proches de Paris. Les grands seigneurs laïcs n'acceptaient guère au XIIe siècle la juridiction de la *Curia*

---

[271] *Le Roman de Renart,* Branche XXIV, vers 579-604.

regis, préférant la guerre comme mode de résolution des conflits.

La *Curia regis* du roi Noble intervient une seule fois en matière de judiciaire et uniquement pour tenter de réconcilier les deux barons. La plupart du temps, elle sert de toile de fond, pour le dépôt des multiples plaintes contre le goupil. De façon surprenante, la *Curia regis* n'est pas mentionnée dans la branche I pourtant intitulée *le jugement de Renart* : le jugement expéditif qui envoie Renart à la potence n'est même pas prononcé par le roi, qui est pourtant présent, mais par son sénéchal[272].

Par contre, la fonction de la *Curia regis* apparaît de manière significative dans la branche V^a : Ysengrin vient de nouveau porter plainte contre Renart. Il y trouve un écho favorable et Noble déclare :

« *Alés, fait* [Noble], *vous qui ci estes li plus vaillant, les grignors bestes, si jugiés d'iceste clamor ! Si cius qui est souspris d'amor doit estre de çou encoupés !* ».
A ces paroles lievent sus, dou tref roial s'en sont issu a une part por droit jugier ; plus en i ala d'un millier [...] »[273].

Le roi a posé un problème juridique que les barons doivent trancher. Ce n'est pas lui qui le règle mais tous les vassaux, pairs de Renart devant le roi : la question est de savoir s'il faut mettre au compte de celui qui a agi sous l'impulsion de l'amour une action dont son compagnon s'est disculpé.

La *Curia regis* va ensuite en débattre et prendre une décision : c'est à ce moment que se situe un échange houleux entre Baucent et Brun l'ours, arbitré par Brichemer. La présence dans cette assemblée du sénéchal et du chancelier, qui ne sont que des officiers de la couronne, prouve bien que nous ne sommes pas en présence de la cour des pairs. Cette

---

[272] *Le Roman de Renart*, Branche I^a, vers 1381-1387 : « *Brichemers a parlé après, qui de parler estoit engrés : « Entendés tout, fait-il, a moi ! Je vous conmant de par le roi que Renars soit annuit deffais, car as barons plaist molt cis plais.* »
[273] *Le Roman de Renart*, Branche V^c, vers 1222-1231.

cour formée par les pairs ne composait jamais à elle seule le tribunal que le roi assemblait pour trancher un litige[274]. De surcroît, la cour des pairs ne comprenait que douze membres : on est loin du millier de personnes, même si ce chiffre n'est qu'une formule stylistique, signifiant qu'il y avait foule.

Dans le récit, la cour décide d'organiser une conciliation entre Renart et Ysengrin ; Roënel, le chien sera l'arbitre :

> « *Biau signor, fait* [Brichemer], *or prenon un jor de cest acordement ; Renars face le sairement et l'amende par tel devise com il a Ysengrin promise ; et dient tuit c'est bien a faire, bon seroit d'entr'iaus deus pais faire. Ensi, conme li saiges dist, ne por mesfet ne por mesdit, qui n'est apers ne coneüs ne doit ja plais estre meüs d'ome afoler ne de desfaire, ains a afiert la pais a faire. Et primes gardons par mesure qu'il n'i ait point de mespresure. Une cose i a qui m'enserre, qu'il n'a home en ceste terre par cuil cils plais soit entriciés mais se Roeniaus fust haitiés li chiens Tieri de la Fontainne cils nous en mesist hors de painne ; en lui a boin home verai ne ja nului ne troverai qui ne die :* « *Tu as bien fait ! Devant lui soit l'afaire trait.* »
>
> *A çou se sont tout asenti, nes un d'iaus ne s'en repenti.* »[275]

Et toute la cour revient devant le roi et par l'intermédiaire de Brichemer rend sa sentence, à laquelle le roi se rallie volontiers, trop heureux de se débarrasser de cette affaire encombrante qui oppose deux de ses vassaux. En l'espèce, la

---

[274] En 1224, les pairs ont tenté d'éliminer les grands officiers et les maîtres de l'hôtel que le roi leur avait adjoints pour examiner le litige opposant la comtesse Jeanne de Flandre à son vassal Jean de Nesles. La cour du roi – Louis VIII et ses conseillers les plus intimes – leur répondit dans un arrêt que, « selon la coutume de France », ces prétentions n'étaient pas fondées et que de toute ancienneté officiers et ministériaux de l'hôtel avaient fonction de concourir avec les pairs au jugement de ceux-ci. Voir J.-L. HAROUEL, J. BARBEY, E. BOURNAZEL, J. THIBAUT-PAYEN, *Histoire des institutions de l'époque franque à la révolution, op. cit.*, p. 211-212.

[275] *Le Roman de Renart*, Branche V^c, vers 1585-1611.

cour donne un avis que le roi suit volontiers parce qu'il ne portera pas seul le poids de la décision.

Les mœurs de la cour sont retranscrites fidèlement. Les trouvères connaissaient visiblement bien les rouages des organes centraux de gouvernement dont ils font une exacte description. Néanmoins, si les laïcs sont à peine égratignés, le portrait des clercs qu'ils nous peignent est hardi : le roman les présente comme des individus, certes justes, mais hypocrites, incompétents, carriéristes et imbus de leur personne. Ces critiques vont s'aggraver par la suite sous la plume des héritiers de Pierre de Saint-Cloud[276] qui vont dénoncer soit l'hypocrisie des ordres mendiants, à l'image de Rutebeuf qui rédigea son *Renart le bestourné*, en réponse au roi Louis IX, ayant une prédilection marquée pour les ordres mendiants[277] ; soit présenter un tableau négatif de la vie de la cour à l'aide des personnages renardiens, tel Jean de Condé[278]. D'une manière ou d'une autre, si les protagonistes des histoires demeurent les mêmes que ceux des premières branches, l'esprit n'est plus le même : la satire l'allégorie, l'étalage encyclopédique des notions les plus diverses remplaçant la raillerie légère et la parodie humoristique.

---

[276] Voir aussi A. FOULET, *Le couronnement de Renart, poème du XIIIème siècle*, Princeton-Paris, 1929 ; C. KHOLER, *Philippe de Novare, Mémoires (1218-1243)*, Champion, 1913.
[277] Voir M. ZINK, RUTEBEUF, *Œuvres complètes*, Classiques Garnier, 1989, [*Renart le Bestourné*, t. 1, p. 253-263].
[278] Voir A. SCHELER, *Dits et contes de Baudouin de Condé et de son fils Jean de Condé*, Bruxelles, 3 vol., 1866-1867, *Dit de l'Entendement*, t. 3, p. 343-356.

Conclusion

Les trouvères de Renart, en dignes témoins de leur temps, retranscrivent et critiquent des évènements, des situations, des règles juridiques qu'ils connaissent parce qu'ils les ont vécus.

Ils font ainsi une description de l'état de la parentèle telle qu'elle était à la fin du XIIe siècle, époque décisive dans beaucoup de domaines. Les auteurs, en narrant les aventures de Renart, nous offrent la vision d'une famille aristocratique qui n'est plus solidaire qu'en cas de crise majeure. Toute la famille s'articule autour d'un chef de famille omnipotent et non autour d'un ancêtre commun : le lignage tel qu'il est présenté dans le roman est un concept fort réduit : il se résume à la famille conjugale de type moderne, c'est-à-dire les parents et les enfants et la présence de quelques collatéraux, à l'image de Grimbert ; et même à l'intérieur de cette infime parentèle, l'entente n'est pas forcément idyllique à l'image des relations entre époux. Dans les récits renardiens, l'antiféminisme apparaît au détour d'un récit, sans que cela constitue un objectif prioritaire.

Hermeline et Hersent, en tant que compagnes des protagonistes, étaient toutes deux désignées comme miroirs déformants des travers féminins ; néanmoins, le traitement de ces figures n'est pas identique ; Hermeline se comporte habituellement en bonne épouse qui accueille avec joie son époux, qui panse ses plaies et qui soutient son mari dans les moments difficiles. A l'opposé, Hersent la louve concentre sur elle, tous les défauts poussant à la misogynie : l'infidélité, la lascivité, l'inconstance, la fausseté et la duplicité dont elle fait preuve à l'égard d'Ysengrin, donnent lieu à d'incessantes scènes de ménage. La palme de la férocité et de la grossièreté à l'égard des femmes revient au milan Hubert, qui se lance dans un véritable réquisitoire contre la gent féminine : il transforme Hersent en vieille sorcière, puits sans fond de lubricité et de perdition[279]. A côté de ce portrait, les faiblesses de Fière pour le goupil sont d'aimables badinages courtois.

---

[279] *Le Roman de Renart,* Branche III, vers 477-606.

Les quelques collatéraux qui parsèment le récit apportent, une aide efficace quoique souvent limitée ; mais leurs services sont rarement gratuits : si Grimbert vient secourir tant de fois son cousin si indiscipliné, ce n'est pas par pure bonté d'âme. En effet, il s'inquiète pour les affaires qu'il a en commun avec le goupil et craint que sa disparition entraîne de graves conséquences pour sa fortune. De plus, il lorgne sur les biens de ce dernier, n'hésitant pas, pour les obtenir, à fiancer la jeune veuve du « rouquin », Hermeline, avec un de ses cousins Poncet ; dont l'union serait certainement condamnée par l'Eglise pour cause d'inceste.

Une telle condamnation ne paraît pas évidente à la fin du XIIe siècle : en effet, on se rend compte, à la lecture du roman, que la pratique chrétienne du mariage est encore en marge des mentalités aristocratiques qui préfèrent encore la pratique traditionnelle de la *desponsatio*, forme d'union plus souple que le carcan matrimonial qui imposait des règles rigides ne répondant pas aux attentes d'une aristocratie, obsédée par la transmission de son sang, le maintien de son rang et la survivance de son lignage.

Mais l'aristocratie présentée par les trouvères est aussi respectueuse des traditions, jalouse de ses privilèges, pourtant détestés par le goupil mais auxquels, il doit son salut. C'est à ce propos que l'on peut dire que le *Roman de Renart* est un miroir déformant de la réalité, et cela à deux niveaux : par la conception de l'univers animal dans son ensemble, reflet de l'organisation, mais aussi du mauvais fonctionnement de la société des hommes. Dans les deux cas, la perspective est avant tout satirique. Le roman nous montre des animaux qui singent l'homme mais, au fond, les hommes ne se conduisent-ils pas comme des animaux ? La société animale est une métaphore de la société humaine. Le monde des bêtes a la même structure et les mêmes institutions que la société féodale de l'époque : les protagonistes sont des barons qui se réunissent à la Cour du roi Noble pour composer son conseil, l'assister dans ses décisions ou l'aider à rendre la justice.

Les trouvères font de cette cour, de ces nobles personnages, une critique véhémente mais jamais acerbe :

dans l'ensemble, les usages, l'organisation des organes centraux de gouvernement sont fidèlement retranscrits, avec parfois quelques déformations liées à l'aspect critique de l'œuvre ; il en est ainsi de l'inadéquation entre le titre de Noble, son autorité, son statut et ses pouvoirs, qui rend impossible l'identification avec le roi. Dans l'ensemble, les fonctionnements de la cour et des institutions sont dépeints littéralement, avec leurs défauts bien apparents : en réalité, la cour des animaux ne fonctionne pas mieux que les cours des monarques et seigneurs chez les hommes, dénoncées depuis l'Antiquité comme lieux de tous les vices, et où se déchirent les courtisans dans leur rivalité pour les faveurs. Malgré les innombrables méfaits commis par son vassal, le lion témoigne, à l'égard du goupil, d'une indulgence coupable ; ce n'est pas la vertu qui est récompensée dans ce milieu, et ceux qui réclament justice contre Renart ne valent guère mieux que celui qu'ils dénoncent. Ysengrin incarne le modèle du noble brutal qui impose sans détour la loi de sa force. Renart lui-même se conduit dans certains récits, en baron ambitieux et sans scrupule.

Quelques personnages remplissent une fonction officielle : le lion est suzerain, le loup est connétable, sans que cette dignité, régulièrement rappelée, n'ait d'incidence directe sur ses actions. Brichemer le sénéchal, Baucent le chancelier, complètent l'entourage du roi Noble. Bernard, l'archiprêtre, représenté par un âne, joue parfaitement son rôle, en célébrant les offices, en confessant ou en débitant ses sermons[280] ; le légat du pape Musart, le chameau, est un juriste ridicule mais dont l'avis est primordial pour Noble. Si l'on excepte ces deux personnages, les représentants du clergé présents dans le *Roman de Renart*, sont tous des hommes. Même si l'ironie n'est pas absente des portraits qui sont faits des clercs de l'entourage royal, c'est là bien peu de

---

[280] Les motivations d'un tel choix sont complexes : l'âne, emblème de l'humilité, est la monture ecclésiastique par excellence. Par ailleurs, l'âne est, depuis l'Antiquité, étroitement associé à la laideur et à la stupidité.

chose au regard des charges parfois féroces portées contre les membres humains de l'Eglise.

En effet, les curés de campagne partagent avec leurs paroissiens tous les travers des rustres : grossièreté, culture et cupidité. On songe par exemple au curé du Breuil, dans la branche XII, qui se fait passer pour chasseur et subit toutes les humiliations : battu et raillé par ses compagnons, il est supplanté par Tibert pour la connaissance du latin et essuie les quolibets du chat ; son ignorance, sa passion scandaleuse pour la chasse que l'on retrouve chez le frère convers rencontré dans la branche II par Renart et le soupçon d'entretenir une femme en font un représentant typique de cette catégorie constamment critiquée.

Quand le renard et le chat se lancent dans une dispute scolastique, tout en anticipant la répartition des profits qu'ils tireront de l'usurpation des fonctions sacerdotales, c'est encore le clergé séculier qui est visé. Turgis et Rufrangier, les deux prêtres que Tibert rencontre sur son chemin dans la branche XV, accumulent les défauts : leur discussion sordide trahit leur avarice, leur manque de charité et leur naïveté ; le trouvère matérialisant ainsi les critiques qui ont débouché sur la réforme grégorienne.

Les moines ne sont pas mieux lotis : adversaires privilégiés du goupil, qui prélève volontiers sa part dans leurs opulents poulaillers, ils manient plus souvent le bâton que les objets de culte[281]. Dès la branche I, le ton est donné : devant la sommation lue par Grimbert, Renart envisage un instant de se faire moine, mais ses réflexions sur leur fausseté lui font vite abandonner cette idée. Deux textes sont particulièrement virulents à cet égard : la branche IV, qui laisse deviner la vie fort peu ascétique que mène l'ordre des Cisterciens, en insistant sur leur gloutonnerie et leur violence ; la branche VII, où le confesseur et le pénitent s'acharnent sur le clergé régulier. Le tableau que brosse Renart de la vie monacale est délicieusement cocasse quand il imagine un couvent saisi de folie bestiale et où tous les frères se libèrent des appétits

---

[281] *Le Roman de Renart,* Branches III, V^a et XVIII.

sexuels trop longtemps refoulés. Ysengrin, dans la branche III est prêt à subir tous les sévices pour intégrer un ordre qu'il imagine entièrement voué aux plaisirs de la table. Renart, lui-même, reçu à Grandmont, à la fin de la branche VI, a tout loisir d'y exercer ses talents et de s'y conduire de façon édifiante.

Les institutions religieuses n'échappent pas au sarcasme : la confession dévoyée est un leitmotiv ; quand Renart ne gobe pas celui qui à l'imprudence de l'écouter[282], il en profite pour faire étalage de ses méfaits, sans la moindre trace de repentir. Le pèlerinage, moyen commode pour se tirer d'un mauvais pas, comme dans la branche I, lui permet surtout de bénéficier, avec la besace et le bâton, d'une apparence de vertu, afin de mieux endormir sa proie. Au mieux l'expédition n'est qu'une mascarade qui se termine par le saccage de la tanière des loups : les mobiles qui ont conduit Belin et Bernard sur le chemin de Rome manquent, il est vrai, de ferveur. Quant aux miracles, la guérison de Couard sur la tombe de Coupée suffit à les discréditer.

Le reproche général fait à la religion et à ses pratiques est celui de l'hypocrisie : Renart, virtuose en duperie, est particulièrement bien placé pour en incarner les dangers. Rien de comparable, cependant, avec les textes polémiques qui, après 1260, se servent du modèle fourni par le *Roman de Renart* pour dénoncer systématiquement, sous le couvert des *renardies*, l'hypocrisie comme expression privilégiée de la volonté des ordres mendiants ou de la cour. Mais ceci est un autre temps où sont véhiculées d'autres mœurs, où évoluent d'autres personnages dans d'autres lieux ; en résumé, une autre histoire.

---

[282] *Le Roman de Renart,* Branche VII.

Bibliographie

D. ALEXANDRE-BIDON et M. CLOSSON, *L'enfant à l'ombre des cathédrales*, Lyon, 1985.

D. ALEXANDRE-BIDON et D. LETT, *Les enfants au Moyen-Âge*, Paris, 1997.

L'Ancien Coutumier de Champagne, éd. P. PORTEJOIE, Poitiers, 1956.

I. AL-MUQAFFA^C, *Le livre de Kalila et Dimna*, traduit de l'arabe par A. Miquel, Paris, 1980.

P. ARIES, *L'enfant et la vie de famille sous l'Ancien Régime*, Paris, 1973.

H.-X. ARQUILLIERE, *L'augustinisme politique*, Paris 1971.

M. AUGIER, « Remarques sur la mort dans le *Roman de Renart* (branche I) », *Morale pratique et vie quotidienne dans la littérature française du Moyen Âge*, Senefiance, I, 1976, p. 7-15.

M. AURELL, *L'empire des Plantagenêt 1154-1224*, éd. Perrin, 2003.

- *Les noces du comte*, Paris, 1995.

J. BARBEY, *La Fonction royale*, Paris, 1983.

- *Etre roi. Le roi et son gouvernement en France de Clovis à Louis XVI*, Fayard, 1992.

F. BARRY, *La Reine de France*, éd. du Scorpion, 1964.

P. de BEAUMANOIR, *Coutumes de Beauvaisis*, éd. SALMON, Paris, 1899-1900, 2 vol.

J. BECQUET, « La règle de Grandmont », *Bulletin de la société archéologique et historique du Limousin*, 1958, p. 9-36.

J. BEDIER, *Les Légendes épiques. Recherches sur la formation des chansons de Geste*, Paris, 1914-1921.

R. BELLON, « De la chaîne au cycle? La réorganisation de la matière renardienne dans les mss C et M », *Revue des langues romanes*, 90, 1986, p. 27-44.

- « Le personnage de la reine dans le *Roman de Renart* », *Atti del V Colloquio della International Beast Epic, Fable and Fabliau Society, Torino–St-Vincent, 5-9 settembre 1983*, éd. A. VITALE-BROVARONE et G. MOMBELLO, Alessandria, Edizioni dell'Orso, 1987, p. 31-55.

- « Du temps que les bestes parloient. À propos de la création des animaux dans *Le roman de Renart* », *Recherches et travaux*, Grenoble, Université Stendhal–Grenoble 3, 1989, p. 21-33.

- « Le limaçon porte-enseigne: spécificité du comique dans le *Roman de Renart* », *Le rire au Moyen Âge dans la littérature et dans les arts. Actes du Colloque international des 17, 18 et 19 novembre 1988*, éd. T. BOUCHE et H. CHARPENTIER, Talence, 1990, p. 53-69.

- « Renart empereur: un épisode peu connu du *Roman de Renart* (Branche XI, vers 2300-3402) », *Lorraine vivante: hommage à Jean Lanher*, éd. R. MARCHAL et B. GUIDOT, Nancy, 1993, p. 257-263.

- « Un épisode quelque peu oublié de la geste renardienne: la guerre contre les Païens (*Roman de Renart*, branche XI, vers 1747-2299) », *"Et c'est la fin pour quoy sommes ensemble": hommage à Jean Dufournet, professeur à la Sorbonne: littérature, histoire et langue du Moyen Âge*, éd. J.-C. AUBAILLY *et al.*, Paris, Champion, 1993, t. 1, p. 183-199.

- « *Les enfances Renart* », *PRIS-MA*, 13, 1997, p. 23-31.

- « Éditer le *Roman de Renart*: bilan, problèmes et perspectives », *Reinardus*, 14, 2001, p. 23-38.

- « Réflexion, instinct et conduite stéréotypée dans le *Roman de Renart* », *Entre l'ange et la bête: l'homme et ses limites au Moyen*

Âge, éd. M.-E. BELY, J.-R. VALETTE et J.-C. VALLECALLE, Lyon, 2003, p. 37-52.

- « Renart et son cheval: complément d'enquête », *"Qui tant savoit d'engin et d'art." Mélanges de philologie médiévale offerts à Gabriel Bianciotto*, éd. C. GALDERISI et J. MAURICE, Poitiers, 2006, p. 95-104.

- « "Renart empereur". Le *Roman de Renart*, ms. H, branche XVI: une réécriture renardienne de *La mort le roi Artu*? », *Cahiers de recherches médiévales*, 15, 2008, p. 3-17.

- « Renart et son cheval », *Études de langue et de littérature du Moyen Âge offertes à Félix Lecoy par ses collègues, ses élèves et ses amis*, Paris, Champion, 1973, p. 27-42.

BEROUL, *Tristan et Iseut*. Introduction, traduction et notes de P. WALTER, Paris, 2000.

Bible de Jérusalem, éd. Fleurus-Cerf, Rome, 1999.

M. BLOCH, *La société féodale,* Paris, 1939.

R. BOSSUAT, *Le Roman de Renart,* Hatier, « Connaissances des lettres », 1957.

- *Le Roman de Renart,* Hatier, « Connaissance des Lettres », 1957.

J. BOUINEAU, *Histoire des institutions (Ier- XVème siècle)*, Paris, 1994.

M. BOULET-SAUTEL, « Encore le bulle '*Per Venerabilem*' », *Studia gratiana,* XIII, 1967, p.373-382.

C. A. BOURDOT de RICHEBOURG, *Nouveau Coutumier Général*, 4 t., Paris, 1724.

E. BOURGEOIS, *La Capitulaire de Kierzy-sur-Oise,* Paris, 1885.

E. BOURNAZEL, *Suger and the Capetians, Abbot Suger and Saint-Denis,* New-York, 1986.

- *Le gouvernement Capétien au XIIème siècle,* Limoges, 1975.

J. BOUSSARD, *Le Gouvernement d'Henri II Plantagenêt,* Paris, 1956.

D. BOUTET, « Renart, le plaisir, le rire et le mal: réflexions autour de deux branches du *Roman de Renart* », *"Et c'est la fin pour quoy sommes ensemble": hommage à Jean Dufournet, professeur à la Sorbonne: littérature, histoire et langue du Moyen Âge,* éd. J.-C. AUBAILLY *et al.*, Paris, Champion, 1993, t. 1, p. 257-268.

- « L'imaginaire renardien et le mélange des genres dans quelques branches épigonales du *Roman de Renart* », *"Qui tant savoit d'engin et d'art." Mélanges de philologie médiévale offerts à Gabriel Bianciotto,* éd. C. GALDERISI et J. MAURICE, Poitiers, 2006, p. 105-113.

M. BOYON et J. FRAPPIER, *Le Roman de Renart (Extraits),* Classiques Larousse, 1937.

M. BUR, *Suger, abbé de Saint-Denis, régent de France,* Paris, 1991.

H. BÜTTNER, *Studien zu dem Roman de Renart und dem Reinhardt Fuchs,* Strasbourg, Trübner, 1891.

J.-M. CARBASSE, *Introduction historique au droit pénal,* Paris, 1990.

- « 'Curant Nudi', La répression de l'adultère dans le midi médiéval », *Droit Histoire et sexualité,* éd. J. POUMAREDE, J.-P. ROYER, Lille, Toulouse, 1987, p. 83-102.

J. CHELINI, *Histoire religieuse de l'Occident médiéval,* Aix-en-Provence, 1991.

M. de COMBARIEU DE GRES et J. SUBRENAT, *Le roman de Renart,* Paris, Union Générale d'éditions (10/18), 1981.

Corpus Iuris Canonici, éd. A. FRIEDBERG, 2 t., Graz, 1955.

F. COSANDEY, *La reine de France,* Paris, 2000.

J. DALARUN, *L'impossible sainteté,* Paris, 1985.

N. DESGUGILLERS-BILLARD, *Le Roman de Renart*, 3 t., Editions Paleo, 2007.

J. DELUMEAU et D. ROCHE, *Histoire des pères et de la paternité,* Paris, 1990.

Dictionnaire de droit canonique, sous la direction de R. NAZ, éd. Letouzey & Ané, 7 t., 1935.

G. DUBY, *Féodalité, « Le chevalier, la femme et le prêtre »,* Paris, 1996.

- *Le chevalier, la femme et le prêtre,* Paris, 1981.

- *Dames du XIIème siècle,* t. 1, 2, 3, Paris, 1995-1996.

- *Le Moyen-Âge,* Paris, 1987.

- *Qu'est-ce que la société féodale ?,* Paris, 2002.

G. DUBY et M. PERROT, *Histoire des femmes en Occident, II. le Moyen-Âge,* Evreux 1991, p. 98-116.

J. DUFOURNET, «Les relations de l'homme et de la femme dans les fabliaux : un double discours *», Femmes, mariages, lignages*, Bruxelles, 1992.

- *Petite Introduction aux branches I, Ia et Ib du Roman de Renart*, Paris, 1971.

- *Du "Roman de Renart" à Rutebeuf,* Caen, 1993.

Etudes d'histoire du droit canonique dédiées à G. LE BRAS, t. 1 et 2, Paris, 1965.

J. DUFOURNET et A. MELINE, *Le Roman de Renart,* édition bilingue, GF Flammarion, 1985.

Ecbasis Captivi, éd. E. VOIGT, Strasbourg-Londres, 1875.

J. ELLUL, *Histoire des institutions,* t. 1 et 2, Paris, 1955-1956.

ESOPE, *Fables,* Texte établi et traduit par E. CHAMBRY, Paris, 1927.

A. FIGUEROA, *El "Roman de Renart": documento crítico de la sociedad medieval,* Monografías de la Universidad de Santiago de Compostela, 67, Santiago de Compostela, 1982, 206 p.

J. FLINN, *Le roman de Renart dans la littérature et dans les littératures étrangères au Moyen Âge,* Paris, 1963, 731 p.

A. FOULET, *Le Couronnement de Renart, poème du XIIe siècle,* Princeton-Paris, 1929.

L. FOULET, *Le Roman de Renart,* Paris, 1914.

J. GAUDEMET, *Eglise et cité. Histoire du droit canonique,* Paris, 1994.

C. GAUVARD, « *De grace especial* », *Crime, Etat et Société en France à la fin du Moyen-Âge,* t. 1, Paris, 1991, p. 340-346.

- *La France au Moyen Âge du Ve au XVe siècle,* PUF, 1996.

J.-L. GAZZANIGA, « La sexualité dans le droit canonique médiéval », *Droit Histoire et sexualité,* éd. J. POUMAREDE, J.-P. ROYER, Lille, Toulouse, 1987, p. 41-54

A. GRABOÏS, « De la trêve de Dieu à la paix du roi. Etudes sur les transformations du mouvement de la paix au XIIème siècle », *Mélanges Crozet,* Paris, 1966.

Le Grand Coutumier de France, éd. LABOULAYE et R. DARESTE, Paris, 1868.

Les Grandes Chroniques de France, publiéed par M. PAULIN PARIS, 6 t., Paris, 1836.

J. GRAVEN, *Le Procès criminel du Roman de Renart : étude du droit criminel féodal au XIIème siècle*, Genève, Georg, 1950.

O. GUILLOT, *Le Comte d'Anjou et son entourage au XIème siècle*, Paris, 1972.

O. GUILLOT, A. RIGAUDIERE, Y. SASSIER, *Pouvoirs et Institutions dans la France médiévale*, t. 2, Paris, 1994.

J.-L. HAROUEL, J. BARBEY, E. BOURNAZEL et J. THIBAUT-PAYEN, *Histoire des institutions de l'époque franque à la Révolution*, Paris, 1993.

HOMERE, *L'Iliade*, Texte établi et traduit par P. MAZON, avec la collaboration de P. CHANTRAINE, P. COLLART et R. LANGUMIER, 4 t., Paris, 1937.

W. J. A. JONCKBLOET, *Étude sur le "Roman de Renart"*, Groningen, Wolters; Leipzig, Engelmann; Paris, Durand, 1863, 405 p.

P. JONIN, « Les animaux et leur vie psychologique dans le *Roman de Renart* (branche I) », *Annales de la Faculté des lettres d'Aix-en-Provence*, 25, 1951, p. 63-82.

C. KOHLER, *Philippe de Novare, Mémoires (1218-1243)*, Champion, 1913.

S. KRAUSE, « Le droit dans le *Roman de Renart* et dans le *Reinhart Fuchs* », *Atti del V Colloquio della International Beast Epic, Fable and Fabliau Society, Torino–St-Vincent, 5-9 settembre 1983*, éd. A. VITALE-BROVARONE et G. MOMBELLO, Alessandria, Edizioni dell'Orso, 1987, p. 57-69.

LA CURNE DE SAINTE-PALAYE, *Dictionnaire historique de l'ancien langage françois*, éd. L. Favre, 10 t.

A. LECA, *Institutions publiques françaises*, Aix-en-Provence, 1994, p. 146.

A. LEFEVBRE-TEILLARD, *Introduction historique au droit des personnes et de la famille,* Paris, 1996.

J.-F. LEMARIGNIER, *Le Gouvernement royal aux premiers temps capétiens (987-1108),* Paris, 1965.

- *Cours d'histoire des institutions et des faits sociaux,* Paris, 1959-1960.

- *La France médiévale, institutions et sociétés,* Paris, 1970.

Liturgia, éd. Abbé R. AIGRAIN, Paris, 1935.

M.-T. LORCIN, *Façons de sentir et de penser les fabliaux français,* Librairie Honoré Champion, 1979.

E. MARTIN, *Observations sur le Roman de Renart,* Paris, 1887.

-*Examen critique des manuscrits du « Roman de Renart »,* Bâle, Schweighauser, 1872.

- *Le roman de Renart,* Strasbourg, Trübner; Paris, Leroux, 3 t., 1882-1887 [réimpr.: Berlin et New York, Walter de Gruyter, 1973].

E. MARTIN, *Mentalités médiévales,* Paris, 1996, p. 30-42.

NIVARD, *Ysengrimus,* éd. VOIGT, Halle, 1884.

F. OLIVIER-MARTIN, *Les régences et la majorité des rois (1060-1375),* t.1, Paris, 1931.

Ordonnances des Roys de France de la troisième race, Paris, 1723-1849.

P. OURLIAC et J. de MALAFOSSE, *Histoire du droit privé,* t. 3, *Le droit familial,* Paris, 1968.

P. OURLIAC et J.-L. GAZZANIGA, *Histoire du droit privé français de l'An mil au Code civil,* Paris, 1985.

M. PARISSE, *Veuves et veuvage dans le haut Moyen-Âge,* Paris, 1993.

J. C. PAYEN, « L'idéologie chevaleresque dans le *Roman de Renart* », *Épopée animale, fable et fabliau, Marche Romane. Mediaevalia,* 304, 1978, p. 33-41.

L. PERRICHET, *La grande chancellerie de France des origines à 1328,* Paris, 1912.

P. PETOT, *Histoire du droit privé français, La famille,* texte établi et annoté par C. BONTEMS, Paris, 1992, p. 416-422.

- *Histoire du droit privé : Questions relatives au droit des successions,* Paris, 1955/56.

J.-P. POLY et E. BOURNAZEL, *La mutation féodale,* Paris, 1991.

- *Couronne et mouvance : Institutions et représentations sociales, La France de Philippe-Auguste,* Actes du Colloque international organisé par le C.N.R.S n° 602, Paris, 1982.

Les Princes et pouvoir au Moyen-Âge, recueil de la Société des Historiens Médiévistes de l'Enseignement Supérieur Public (n° 28) Paris, 1993.

Recueil Général des anciennes lois françaises, par MM. JOURDAN, DECRUSY et ISEMBERT, 27 t., Paris, 1791-1826.

Recueil des Historiens des Gaules et de la France, 24 t., 1869-1904.

C. REICHLER, *La Diabolie, la Séduction, la Renardie, l'Ecriture,* Minuit, 1979.

P. RICHE, *Les Carolingiens,* Paris, 1997, p. 146-163

N. ROULAND, *L'Etat français et le pluralisme,* Paris, 1995.

Le roman de Renart. Édition publiée sous la direction d'A. STRUBEL, avec la collaboration de R. BELLON, D. BOUTET et S. LEFEVRE, Paris, Gallimard, 1998.

Le roman de Renart d'après les manuscrits C et M, éd. N. FUKOMOTO, N. HARANO et S. SUUKI, Tokyo, France Tosho, 1983.

RUTEBEUF, *Oeuvres complètes,* éd. M. ZINK, Classiques Garnier, 1989, [*Renart le Bestourné,* t.1, p. 253-263].

SAINT AUGUSTIN, *La cité de Dieu,* Bibl. de la Pléiade, Paris, 2001/02.

Y. SASSIER, *Louis VII,* Paris, 1991.

- *Hugues Capet,* Paris, 1987.

- *Royauté et idéologie au Moyen-Âge,* Paris, 2002.

J. SCHEIDEGGER, *Le Roman de Renart ou le texte de la dérision,* Genève, Droz, 1989.

A. SCHELER, *Dits et contes de Baudoin de Condé et de son fils Jean de Condé,* Bruxelles, 3 vol., 1866-1867, *Dit de l'Entendement,* t. 3, p. 343-356.

P.-A. SIGAL, *L'Homme et le miracle en France aux XIe et XIIe siècles,* Paris, 1985.

A. STRUBEL, *La Rose, Renart et le Graal. La littérature allégorique en France au XIIIe siècle,* Genève et Paris, Slatkine, 1989, 336 p.

J. SUBRENAT, « Trois versions du jugement de Renart (*Roman de Renart,* branches VIIb, I, VIII du manuscrit de Cangé) », *Mélanges de langue et littérature françaises du Moyen Âge offerts à Pierre Jonin, Senefiance,* 7, 1979, p. 623-643.

- « Renart et Ysengrin, Renart et Roonel: deux duels judiciaires dans le *Roman de Renart* », *Études de langue et de littérature françaises offertes à André Lanly,* Nancy, 1980, p. 371-384.

- « Un point de vue sur la fonction royale sous Philippe-Auguste: le roi Noble dans le *Roman de Renart* », *Histoire et société. Mélanges offerts à Georges Duby*, Aix-en-Provence, 1992, t. 3, p. 167-177.

- « Variantes et variations dans les trois versions du serment purgatoire de Renart », *Jeux de la variante dans l'art et la littérature du Moyen Âge. Mélanges offerts à Anna Drzewicka par ses collègues, ses amis et ses élèves*, éd. A. BARTOSZ, K. DYBEL et P. TYLUS, Kraków, Viridis, 1997, p. 38-45.

L. SUDRE, *Les Sources du Roman de Renart*, Paris, 1892.

G. TANASE, « La parole rebelle: *Bel mentir* dans le *Tristan* de Béroul et *Le roman de Renart* », *La figure du rebelle dans la littérature de langue française, Revue Frontenac Review*, 16-17, 2003, p. 12-25.

GREGOIRE DE TOURS, *Chroniques, L'histoire des rois francs,* traduit du latin par J.J.E. ROY, Mayenne, 1990.

J. TRICARD, « Frérèches et comparsonneries à la fin du XVème siècle : un exemple limousin », *Revue d'Auvergne*, t. 100 [1986], p. 119-127.

– *Les campagnes limousines du XIVe siècle au XVIe siècle : originalité et limites d'une reconstruction rurale,* Paris, 1996.

Tristan et Iseut. Les poèmes français. La saga norroise. Textes originaux et intégraux présentés, traduits et commentés par D. LACROIX et P. WALTER, Paris, 1989.

J. TURLAN, « Amis et amis charnels d'après les actes du Parlement au XIVème siècle », *R.H.D.*, 1969, p. 645-698.

K. VARTY, « Love, marriage and family relationships in the *Ysengrimus* and the *Roman de Renart* », *Revue canadienne d'études néerlandaises*, 4, 1983, p. 39-52.

- « Le viol dans l'*Ysengrimus*, les branches II-Va et la branche I du *Roman de Renart* », *Amour, mariage et transgressions au Moyen Âge. Actes du colloque d'Amiens (mars 1983)*, éd. D.

BUSCHINGER et A. CREPIN, Göppingen, Kümmerle, 1984, p. 411-418.

A. VAUCHEZ, *La Sainteté en Occident,* Rome, 1988.

Table des matières

AVANT-PROPOS	13
PREFACE	19
INTRODUCTION	25
Les origines du Roman de Renart	27
Chronologie des branches	29
Le reflet critique de la société féodale	31
CHAPITRE I. LES ALEAS DES LIENS DU SANG	**37**
I. LE COUPLE, CŒUR DE LA PARENTELE	41
§1. Le mariage : une institution marginale	42
A. La célébration décléricalisée de l'union « renardienne »	43
B. La dissolution laïcisée de l'union « renardienne »	53
§2. Les devoirs du mariage : la marginalisation de la morale chrétienne	61
A. La domination du « mâle féodal »	62
B. L'insoumission des « filles d'Eve »	76
II. LE LIGNAGE, MOTEUR DE LA SOCIETE	88
§1. Le lignage de Pinte, une parentèle de qualité	89
A. Le courtil de Constant des Noes : un lignage décimé	90
B. Le courtil de Constant des Noes : une sainte lignée	95
§2. Le lignage de Renart, une parentèle engagée	104
A. Malebranche, Percehaie et Rovel : des enfants de « haut lignage »	104
B. Grimbert, un cousin dévoué	110
CHAPITRE II. LES VICISSITUDES DES LIENS DE DEPENDANCE	**125**

I. NOBLE : LE PORTRAIT D'UN ROI A VISAGE HUMAIN   127

§1. Noble, un roi féodal   **128**
    A. Un souverain à l'autorité limitée   129
    B. Un suzerain aux prérogatives classiques   137

§2. Noble, un empereur en son royaume   **146**
    A. Un roi couronné   146
    B. Des prérogatives exorbitantes de droit commun féodal   161

II. UNE PEINTURE CRITIQUE DES ORGANES CENTRAUX DE GOUVERNEMENT   170

§1. Une esquisse hardie de la mesnie royale   **170**
    A. Des officiers de la couronne compétents   171
    B. Des clercs hauts en couleur   180

§2. Un tableau critique de la *Curia regis*   **191**
    A. La compétence politique de la *Curia Regis*   191
    B. La compétence judiciaire de la *Curia Regis*   195

CONCLUSION   201

BIBLIOGRAPHIE   209

L'HARMATTAN, ITALIA
Via Degli Artisti 15 ; 10124 Torino

L'HARMATTAN HONGRIE
Könyvesbolt ; Kossuth L. u. 14-16
1053 Budapest

L'HARMATTAN BURKINA FASO
Rue 15.167 Route du Pô Patte d'oie
12 BP 226
Ouagadougou 12
(00226) 76 59 79 86

ESPACE L'HARMATTAN KINSHASA
Faculté des Sciences Sociales,
Politiques et Administratives
BP243, KIN XI ; Université de Kinshasa

L'HARMATTAN GUINEE
Almamya Rue KA 028
En face du restaurant le cèdre
OKB agency BP 3470 Conakry
(00224) 60 20 85 08
harmattanguinee@yahoo.fr

L'HARMATTAN COTE D'IVOIRE
M. Etien N'dah Ahmon
Résidence Karl / cité des arts
Abidjan-Cocody 03 BP 1588 Abidjan 03
(00225) 05 77 87 31

L'HARMATTAN MAURITANIE
Espace El Kettab du livre francophone
N° 472 avenue Palais des Congrès
BP 316 Nouakchott
(00222) 63 25 980

L'HARMATTAN CAMEROUN
BP 11486
(00237) 458 67 00
(00237) 976 61 66

623326 - Octobre 2015
Achevé d'imprimer par